V&R

Verena Begemann / Daniel Berthold /
Manfred Hillmann

Sterben und Gelassenheit

Von der Kunst, den Tod ins Leben zu lassen

Mit einem Vorwort von Andreas Heller

Mit 15 Illustrationen von Karin Lenser

2., ergänzte Auflage

Vandenhoeck & Ruprecht

Bibliografische Information der Deutschen Nationalbibliothek

Die Deutsche Nationalbibliothek verzeichnet diese Publikation in der
Deutschen Nationalbibliografie; detaillierte bibliografische Daten sind
im Internet über http://dnb.d-nb.de abrufbar.

ISBN 978-3-525-40348-8

Umschlagabbildung: © Karin Lenser, Melodie des Meeres/
Fotografie: Manfred Hillmann

© 2015, 2013, Vandenhoeck & Ruprecht GmbH & Co. KG,
Theaterstraße 13, 37073 Göttingen /
Vandenhoeck & Ruprecht LLC, Bristol, CT, U.S.A.
www.v-r.de

Satz: SchwabScantechnik, Göttingen
Druck und Bindung: ⊕ Hubert & Co.,
Robert-Bosch-Breite 6, 37079 Göttingen

Gedruckt auf alterungsbeständigem Papier.

Inhalt

Die Kapitel 2, 7 und 15 sind im E-Book auch von den
Autoren gesprochen anzuhören.

Vorwort der Autoren

Was lösen Sterben und Tod in uns aus? Eher Angst und Hilflosigkeit als Gelassenheit. Dennoch, weil Tod und Vergänglichkeit die zentralen Erfahrungen in unser aller Leben sind, gilt es, dazu eine Einstellung und Haltung zu gewinnen. Gelassenheit ist der ganz große Anspruch an uns. Aber schon die kleinen Schritte in diese Richtung lassen uns ruhiger werden. Von der Notwendigkeit des Loslassens angesichts des Todes ist oft die Rede. Auch in unseren beruflichen Kontexten von Hospizarbeit und Palliative Care ist Loslassen zu einer »Zauberformel« geworden. Aber wie kann ich loslassen, wenn ich den Menschen, der stirbt, viel lieber festhalten will? So begegnete uns diese Frage immer wieder, und wir kamen auf den Gedanken, uns in einem Trialog darüber auszutauschen, wie man angesichts der Tatsache von Sterben und Tod etwas gelassener werden kann.

Wir wagen in diesem Gespräch Antwortversuche, die als inspirierende Impulse zum Nach- und Weiterdenken zu verstehen sind; nicht als geschlossene Abhandlungen gedacht, sondern vielmehr als offener Austausch, aus der Mitte unseres Berufs- und Lebensalltags kommend. Unsere persönlichen Haltungen, Erfahrungen und Sinnorientierungen stellen wir dabei offen zur Diskussion. Während unseres Gesprächs haben wir erfahren, dass wir uns gegenseitig hinterfragten, neue Perspektiven hören durften und manches auch stehen lassen mussten.

Eine gemeinsame Erkenntnis in der Sterbe- und Trauerbegleitung ist, dass das Sich-Einlassen auf Abschied und Endlichkeit nicht mit dem Verlust von Lebensfreude einhergehen muss. Ganz im Gegenteil! Wir möchten mit diesem Buch dazu ermutigen, sich Zeit für das gute Leben zu nehmen, das sich auch darin widerspiegelt, eigene Haltungen zur Endlichkeit zu finden und zu überprüfen. Dabei können Sie entdecken, dass manche Befürchtungen und Ängste überflüssig werden und Sie sich mit mehr Wertschätzung und Freude der Fülle des Lebens zuwenden.

Danken möchten wir an dieser Stelle vor allem der Künstlerin Karin Lenser, die uns ihre Bilder zur Bereicherung unseres Trialogs zur Verfügung gestellt hat. Jedes Kapitel wird mit einem ihrer Kunstwerke eingeführt, so dass wir in doppeltem Sinn sagen dürfen: von der Kunst, den Tod ins Leben zu lassen. Vor dem Tod die Augen zu öffnen, das kann aber nicht anders geschehen, als durch das Leben selbst. Der französische Schriftsteller Jean Cocteau meinte einmal: »Man schließt die Augen der Toten behutsam; nicht minder behutsam muss man die Augen der Lebenden öffnen.«

Verena Begemann, Daniel Berthold, Manfred Hillmann

Vorwort zur 2. Auflage

Das Coverbild »Melodie des Meeres« symbolisiert die Verbindung von Sterben und Gelassenheit. An der Oberfläche sehen wir die Wellen und das aufgewühlte Wasser. Je weiter der Blick in die Tiefe geht, desto ruhiger und klarer wird das Bild. Sich mit Sterben und Tod auseinanderzusetzen, führt zum Blick in die Tiefe, der neue Dimensionen von innerer Freiheit und Weite eröffnen kann. Sich der Tiefe des Lebens anzunähern und dabei doch eine gewisse Leichtigkeit zu bewahren, ist das Ziel unseres Gesprächs zu dritt gewesen.

Die Rückmeldungen von den Leserinnen und Lesern bestätigen uns in der Intention, inspirierende und ermutigende Reflexionen für ein gutes Leben anzubieten, das sich der Endlichkeit stellt. In Lesungen, Vorträgen und Seminaren durften wir erfahren, dass Menschen sich zum Weiterdenken und Nachspüren angeregt fühlten.

Diese Begegnungen sind es auch, die unser Bewusstsein dafür schärfen, dass alles Philosophieren und Nachsinnen erste Schritte für die innere und persönliche Erfahrung von Gelassenheit darstellen. Gelassenheit will erlebt, erspürt und eingeübt werden.

In diesem Sinne wünschen wir uns, dass auch die zweite Auflage unseres Trialogs als Anregung dient, sich mutig und gelassen auf das Leben mit all seinen Möglichkeiten, Begrenzungen und Verletzlichkeiten einzulassen.

Verena Begemann, Daniel Berthold, Manfred Hillmann

Die Bedauernisse Sterbender und die Gelassenheit der Lebenden — Vorwort von Andreas Heller

Es gehört zu den Möglichkeiten der Umorientierung von uns Lebenden (und noch nicht Sterbenden), von den »großen Bedauernissen Sterbender« (the top five regrets of the dying) zu lesen. Im Angesicht der radikal verknappten Lebenszeit bedauern Sterbende beispielsweise, nicht ihr eigenes Leben gelebt zu haben, zu wenig in tiefem Austausch mit ihren Freunden und in den Gewährungen und Gefährtenschaften der Liebe ihre Gefühle ausgedrückt zu haben. Ciceley Saunders meinte einmal, es sei nicht das Schlimmste für einen Menschen feststellen zu müssen, dass er gelebt hat und jetzt sterben müsse. Noch schlimmer sei, jetzt sterben zu müssen und nicht gelebt zu haben.

In einer langen Tradition des Denkens und Fühlens ist der Blick auf die radikale und todsichere Befristung unseres Lebens einer, der das Leben intensivieren und freisetzen kann. Natürlich wissen wir alle, dass wir sterben werden. Aber wir erfühlen diesen Gedanken möglicherweise zu selten. Er bleibt im Kopf hängen. Und deshalb gelingt es immer wieder, das Sterben anderer nur flüchtig mit uns in Verbindung zu setzen. Unser eigenes Leben bleibt in seinem Befristetsein unbesprochen und ungefühlt. So kommt es nur mühsam zu Reorientierungen im Alltag. In den Flutwellen des Alltags braucht es Inseln des gemeinsamen wesentlichen

Austauschs, der dialogischen Besinnung und des kollektiven Innehaltens, um Wichtiges von Unwichtigem zu scheiden und zu unterscheiden. Wir müssen die beschleunigte Zeit verzögern, weil sie so knapp ist. Und das kann man nicht gut allein.

Was entstehen kann im gemeinsamen Erfühlen unserer befristeten Lebenszeit, ist eine andere Sorgfalt in allem, was wir tun und lassen. Aus diesem Lassenkönnen, dieser Gelassenheit als Lebenshaltung entstehen Freude, Heiterkeit, Sinn, Liebe und Glück. Wir nehmen uns das Leben im tiefsten Sinne des Wortes. Wir leben auf. Wir nehmen uns die Freiheit zu sein, wer wir sein können und sind, fühlen uns freier von dem, was andere denken, wie wir zu sein hätten, freier von den konventionellen Erwartungen und den strukturellen Abhängigkeiten von Geld, Besitz, Macht, Prestige, Statussymbolen und Karriereverläufen.

Was zählt in unserem Leben, sind doch die menschlichen Beziehungen und die Bedeutung, die wir für andere haben bis in unseren Tod hinein. Kein Sterbender bedauert, zu wenig gearbeitet, wohl aber zu wenig geliebt zu haben und möglicherweise geliebt worden zu sein. Was zählt, sind diese zeitlosen Momente, wo wir uns einander überlassen, wo sich unsere Leben berühren, in denen sich unser Leben leibhaftig und erzählend verwebt mit dem Leben eines anderen Menschen und etwas aufleuchtet von dem Glück, der Freude und Dankbarkeit, dem Geschenk des Daseins.

Warum ist es so schwer, die Kunst des Lebens und darin die Kunst des Sterbens zu leben? Es ist vielleicht die notwendige tägliche Übung der Gelassenheit, die immer wieder dem Alltag abgerungen werden muss, das alltägliche Innehalten im Sinne der alten Mönchstradition: sich den drohenden Tod täglich vor Augen zu halten, wie es in der Regel des heiligen Benedikt aus dem 4. Jahrhundert heißt.

Vielleicht steckt in dieser Empfehlung ja auch ein Impuls zu einer anderen Haltung, einem anderen, gelasseneren Verhältnis zum befristeten Leben. Wer erst auf dem Sterbebett oder bei der Diagnose einer schweren Erkrankung beginnt, ein Verhältnis zum Tod zu entwickeln, ist relativ spät dran. Dieses Buch ist ein mutiger Trialog, in einer impulsierenden Offenheit anzuregen für ein Raum gebendes, Beziehung stiftendes Erzählen.

Erfüllt leben, heiter und freundlich zu den Menschen zu sein, sich gut gelaunt dem Tagwerk stellen, dankbar für die leichten und schweren Erfahrungen eines Tages zu sein, sich in den Herausforderungen des Lebens nicht zu überfordern, aber auch nicht zu unterfordern, hat etwas mit der gelassenen Einsicht in die Begrenztheit unseres Lebens zu tun. So entsteht Lebensweisheit, von der die alten jüdischen Psalmen wussten: »Lehre uns zählen unsere Tage, auf dass wir gelangen zur Weisheit des Herzens« (Psalm 90, 12).

Prof. Dr. Andreas Heller
Institut für Palliative Care und Organisationsethik, Wien

Kapitel 1

Warum ist das Sterben so bedrohlich?

D. B.:[1] Das Gefühl, das Menschen auf Bedrohungen aufmerksam macht, ist die Angst. Wenn wir uns über den Tod unterhalten, sollten wir uns zunächst bewusst machen, dass dieser auf ganz unterschiedliche Weise beängstigen kann, je nachdem, unter welchem Aspekt man ihn gerade betrachtet. Ich denke spontan an den Begriff der Todesangst. Menschen, die sich schon einmal ganz unmittelbar vom Tod bedroht gefühlt haben, kennen diese. Solche starken Ängste können beispielsweise durch das Erleben eines Herzinfarkts ausgelöst werden. Sie treten reflexhaft und wie automatisch auf. Dagegen ist es eine ganz andere Art von Bedrohung, wenn Menschen über ihr Sein nach dem Sterben nachdenken. Es kann dann Angst vor dem Zustand des Totseins aufkommen. Bei manchen Menschen mag das die Angst vor der Vorstellung sein, nicht mehr zu existieren, bei anderen eher die Angst davor, was ein vielleicht verinnerlichtes Glaubenssystem für die Zeit nach dem Tod vorhersieht. Und schließlich kann auch der Sterbeprozess selbst als äußerst bedrohlich wahrgenommen werden. Werden meine letzten Tage mit starken Schmerzen verbunden sein? Werde ich meine Bedürfnisse in den letzten Lebensstunden überhaupt noch äußern können?

---

1   D. B. = Daniel Berthold; V. B. = Verena Begemann; M. H. = Manfred Hillmann

Über all diese Bedrohlichkeiten hinaus berührt das Sterben aber auch die Angst vor dem Verlust dessen, was man ist und was man hat. Sterben heißt, unumkehrbar Abschied nehmen zu müssen: von nahestehenden Menschen, von liebgewonnenen Gewohnheiten, von unerreichten Zielen und von hart erarbeiteten Besitztümern.

V. B.: In der Hospizarbeit habe ich häufig diese beschriebenen Ängste in ihren unterschiedlichen Ausprägungen wahrgenommen. Sie fordern enorm viel Raum und berauben Menschen ihrer Lebenskraft. Es ist wichtig, genau hinzuschauen, was Auslöser der Angst sind. Ist es wirklich die Angst vor Schmerzen, die wir heute mit Hilfe palliativer Therapie in den meisten Fällen lindern und auf ein erträgliches Maß reduzieren können? Wenn ich daran denke, einen geliebten Menschen nicht mehr hören, sehen und fühlen zu können, ist das ein seelischer Schmerz, den ich auch ganz körperlich spüren kann.

Angst ist ja ein Gefühl, das wir am liebsten nicht *haben* wollen, aber zugleich erleben wir, dass wir auch angstvoll *sind*. Angst verweist etymologisch auf die Begriffe »Enge, Bedrängnis, Ungewissheit, Erregung«. Der Tod kann uns emotional durchaus in die Enge treiben. Der Regisseur Christoph Schlingensief formuliert in seinem Tagebuch angesichts seiner unheilbaren Krebserkrankung eindrücklich: »Im Moment bin ich einfach nur traurig und habe Angst. Ich liebe das Leben so sehr, hätte so gerne mit Aino noch Jahre, Jahrzehnte verbracht. Stattdessen muss ich jetzt diese unglaubliche Angst vor der Einsamkeit aushalten, vor diesem Nichts. Selbst wenn dieses Nichts noch so schön und hell sein sollte. Die größte Hölle, die ich mir vorstellen kann, ist, nicht mehr denken und arbeiten zu dürfen.«

M. H.: Der aktive Mensch, wie zum Beispiel Schlingensief einer war, ist zupackend und gestaltend. Im Aktivsein hat man das Gefühl, sein eigenes Leben und das Leben schlechthin kontrollieren zu können. Das ist auch wichtig. Wer handelt, fühlt sich nicht so schnell gelähmt oder hilflos, sondern gewinnt im Tun Zuversicht und die Überzeugung, Dinge ändern zu können. Johann Wolfgang von Goethe weist darauf hin, dass das Handeln für die Selbsterkenntnis sogar eine Voraussetzung ist: »Wie kann man sich selbst kennen lernen? Durch Betrachten niemals, wohl aber durch Handeln.«

Das ist einerseits so. Anderseits kann die Ansicht, durch Handeln alles in den Griff bekommen zu können, nicht nur einen einseitigen Persönlichkeitsstil bewirken, sondern geradezu krisenträchtig sein. Im Sterben vollzieht sich endgültig der Übergang vom Handeln zum Lassen. Das kann dem, der alles auf die Karte Handeln gesetzt hat, Angst machen. Nun ist er zu großen Reifungsprozessen herausgefordert. Er muss das lernen, was er im Leben nicht so gerne mochte: sich selber zu lassen und in das Unvermeidliche zu fügen. Das ganze Leben ist ein stetiger Wechsel von Aktivität und Passivität, von Tun und Lassen. Gelassen kann man nur werden, wenn man das erkannt hat.

V. B.: Du erinnerst daran, dass das Sterben eine andere Haltung von uns fordert, die dem aktuellen Zeitgeist durchaus widerspricht. Brauchen wir nicht eher eine Einsicht für die Notwendigkeit der Gelassenheit in unserer schnellen, aktiven und leistungsbereiten Gesellschaft? Als Zeit-, Familien- und Erfolgsmanager/-innen haben wir das komplexe Leben weitgehend gut im Griff. Das Sterben führt uns, manchmal schnell und plötzlich, die Zerbrechlichkeit des Lebens vor Augen und lässt manche Aktivität geradezu als absurd erscheinen. Unser Masterplan für den Alltag beinhaltet viele Möglichkeiten, um zu handeln, zu gestalten, aufzubauen, neu anzufangen. Aber das Sterben fordert eine Einstellung von uns, die uns nicht mehr sehr vertraut ist. Der Tod fragt uns nicht: »Haben Sie lange genug gelebt? Passt es Ihnen, dass Sie jetzt sterben?« Er sagt einfach: »rien ne va plus – das Spiel ist aus!« Der Tod widerfährt uns und duldet keinen Widerspruch. Mit dem Ende des Lebens sind wir vom Zauber und Charme des Anfangs ausgeschlossen. Aber ich hätte schon den Wunsch, dass wir dabei nicht stehen bleiben müssen, sondern dass ich mit Menschen über die Bilder meiner Ängste und auch über meinen Mangel an Gelassenheit sprechen kann. Meine Frage ist auch: Kann es sein, dass Angst in der letzten Lebensphase sinnvoll ist? Kann sie zu einem Wegweiser werden?

M. H.: Die Angst vor dem Tod scheint viel damit zu tun zu haben, was für eine Persönlichkeit man ist. Es gibt Menschen, die jede Berührung mit den Themen Krankheit und Tod meiden, oder solche, die sich als zu sensibel erleben, um sich damit zu konfrontieren. Goethe und Hesse sagt man nach, dass sie diesen Themen gerne auswichen. Wohlgemerkt, nicht auf dem Papier, denn sie schrieben anschaulich darüber, wohl aber in der Wirklichkeit. Goethe konnte seiner Frau Christiane nicht im Sterben beistehen und Hermann Hesse entschied sich, nicht am Begräbnis seiner Mutter teilzunehmen.

Es gibt auch Menschen, die des Lebens überdrüssig sind, die sich seelisch bedrückt und gequält fühlen, die keine Nähe mehr zum Leben und zu Menschen finden und im Tod eine Entlastung sehen. Und es gibt Menschen, die sehr gerne leben und gerade deshalb dem herannahenden Tod zustimmend begegnen, weil sie ihr Leben in Fülle gelebt haben.

D. B.: Hast du bei letztgenanntem Typus jemanden vor Augen?

M. H.: Während meiner Arbeit in einer Klinik habe ich einen jungen Mann begleitet. Seit seinem 13. Lebensjahr war er schon auf den Rollstuhl angewiesen. Seine körperlichen Einschränkungen nahmen im Laufe der Zeit zu. Mit der Restbewegungsfähigkeit seiner linken Hand konnte er gerade noch seinen elektrischen Rollstuhl steuern. Er verbrachte viel Zeit in Krankenhäusern, litt oft unter Schmerzen und hatte keine gute Lebenszeitprognose. Dennoch war er ein fröhlicher und optimistischer Mensch. Einmal sagte er: »Du, das musst du realistisch sehen. Das, was gar nicht geht, geht doch!« Das war die Mitteilung einer persönlichen Erfahrung, die mit Gold nicht aufzuwiegen ist. In seinem »unmöglichen« Alltag fand er immer wieder, was dennoch irgendwie möglich war. Sein hohes Maß an Lebenswertschätzung wirkte sehr ermutigend auf die Menschen, die ihm begegneten. Und so bewusst und intensiv er das Leben liebte, so bewusst und intensiv nahm er sein Sterben und seinen Tod an. Er konnte dem direkter ins Angesicht sehen, als andere Menschen es vermögen. Nach vielen Operationen näherte er sich im frühen Alter von 37 Jahren dem Ziel seiner Lebensreise. Er lag zu Hause in seinem Pflegebett und bemerkte eines Tages: »Mutter, ich glaube, ich sterbe.« Lebensklug und einfühlsam, wie sie selber war, antwortete sie ruhig: »Jens, hast du Angst?« Und er darauf mit der gleichen Ruhe: »Nein, habe ich nicht.«

V. B.: Diese Antwort beeindruckt mich angesichts des jungen Alters sehr. Was kann so eine gelassene Haltung fördern?

M. H.: Ja, es gibt Menschen, die dem Tod gegenüber gelassen, das heißt unaufgeregt sind, weil sie wissen, dass sie in ihrem Leben schon sinnvolle Fülle gelebt haben. Der Wiener Psychiater Viktor E. Frankl wurde am Grab seiner Eltern gefragt, ob er Angst vor dem Sterben habe. Er antwortete darauf »Eigentlich nicht« und beschrieb dann, was er in seinem langen Leben schon geschafft hatte und dass er die Zeit genutzt habe, um alles ihm Wichtige zu sagen und zu tun. Ich erinnere mich auch an eine 78-jährige Frau im Krankhaus, die gerade von ihrer lebensbedrohlichen Erkrankung erfuhr, sich zu mir auf eine Bank setzte und traurig, aber gefasst reflektierte, dass sie ein gutes Leben hatte. Von ihren Kindern fühle sie sich wertgeschätzt und für ihren verstorbenen Mann hatte sie Worte der Dankbarkeit. Auf dieses erfüllte Leben zurückschauend, sei es ihr wohl irgendwie möglich, ihren nun bevorstehenden Tod anzunehmen. So hat sie es geäußert.

D. B.: Den bevorstehenden Tod annehmen – das lässt mich an den Befund einer psychologischen Untersuchung denken. Darin wurde festgestellt, dass diejenigen Menschen weniger Angst vor dem Tod haben, die ihn als einen natürlichen Bestandteil des Lebens annehmen können. In der Fähigkeit des Annehmens scheint also ein beachtliches Potenzial zu stecken. Man kann nun fragen, was hinter der Fähigkeit steht, etwas anzunehmen. Annehmen kann ich Ereignisse dann, wenn ich sie in mein Leben integrieren kann, wenn ich ihnen einen sinnvollen Platz zuweisen kann. Dabei muss ich sie noch nicht einmal mögen: Einen verregneten Urlaubstag wird sich wohl kaum jemand wünschen; annehmen werden wir ihn können. Mit dem Tod verhält es sich ungleich schwieriger. Warum manche Menschen dennoch in der Lage sind, ein Ereignis wie den Tod anzunehmen, dafür wird es vielfältige Gründe geben. Sicherlich spielen hier auch Biografie und Persönlichkeit eine wichtige Rolle. Der entscheidende Punkt scheint mir aber ein anderer: Tatsächlich können Tod und Sterben an Bedrohlichkeit verlieren, wenn wir uns zu der Erkenntnis vorarbeiten – auf welche Weise auch immer –, dass sie Stimmigkeit und Sinn haben.

Fazit

Angesichts der Endlichkeit begegnen wir unterschiedlichen Ängsten: Angst vor dem Abschied, Angst vor dem Sterbeprozess, Angst vor der Vorstellung der Nichtexistenz. Das erscheint auch logisch, weil wir alles verlieren, was einen Wert für uns besitzt. Unsere gewohnte und alltägliche Lebensbewältigung ist das Handeln. Der Handelnde hat Vertrauen dadurch, dass er Dinge verändern kann. Im Handeln fühlen wir uns lebendig und zugleich ist diese Dimension nur ein Teil des Lebens. Der Tod lässt sich nicht durch aktives Handeln kontrollieren. Aber es gibt eine Chance, sich ihm gegenüber zu verhalten. Es ist hilfreich, die Ängste über drohende Verluste konkret zu benennen und darüber ins Gespräch zu kommen. Angst muss dann nicht das einzige und ausschließliche Gefühl sein, das bleibt. Es gibt durchaus Menschen, die nicht in der Enge verharren, sondern mit Hilfe ihrer gelassenen Lebenseinstellung auch eine gelassene Haltung zu ihrer Vergänglichkeit entwickeln. Die persönliche Haltung steht dabei nicht isoliert, sondern wir sind abhängig von Werten, Strukturen und Regeln der Gesellschaft. Dabei hilft es, sich den eigenen Gedanken bezüglich des Todes bewusst zu werden und sie im Selbst zu integrieren – damit wir erkennen, dass der Tod einen Sinn hat.

Zum Nachlesen

Damm, Sigrid (1999): Christiane und Goethe. Eine Recherche. Frankfurt a. M.: Insel.

Decker, Gunnar (2012): Hermann Hesse. Der Wanderer und sein Schatten. München: Hanser.

Neimeyer, Robert A.; Moser, Richard P.; Wittkowski, Joachim (2003): Psychologische Forschung zu Einstellungen gegenüber Sterben und Tod. In Joachim Wittkowski (Hrsg.), Sterben, Tod und Trauer. Stuttgart: Kohlhammer.

Schlingensief, Christoph (2009): So schön wie hier kanns im Himmel gar nicht sein! Tagebuch einer Krebserkrankung. Köln: Kiepenheuer & Witsch.

Zum Weiterlesen

Burbach, Christiane; Heckmann, Friedrich (Hrsg.) (2011): Übergänge. Annäherungen an das eigene Sterben. Göttingen: Vandenhoeck & Ruprecht. 2011

Wegleitner, Klaus; Heimerl, Katharina; Heller, Andreas (Hrsg.) (2012): Zu Hause sterben – der Tod hält sich nicht an Dienstpläne. Ludwigsburg: Hospiz Verlag.

Kapitel 2

Wie gehen wir mit unserer Angst vor dem Tod um?

D. B.: Wir haben gerade die Persönlichkeit der Betroffenen angesprochen. Auch die Frage, wie aufkommenden Angstgefühlen begegnet wird, hängt eng mit dem Thema Persönlichkeit zusammen. Manche Entwicklungsforscher vermuten die entscheidende Weichenstellung sogar schon vorgeburtlich. Demnach können schon früheste Bindungserfahrungen im Mutterleib beeinflussen, inwiefern wir mit einem natürlichen Vertrauen in das Leben einerseits sowie in das »Danach« andererseits ausgestattet sind.

Wir können also davon ausgehen, dass Menschen unterschiedlich stark im Leben verankert sind, aber auch, dass sie dem Tod unterschiedlich vermeidend gegenüberstehen. Offenbar gibt es aber auch Menschen, die beides zusammenbringen, ganz im Diesseits, also hier im Leben zu stehen, sich aber trotzdem eine gewisse Leichtigkeit zu bewahren, wenn es um die Konfrontation mit der eigenen Sterblichkeit geht. Für mich schließt sich hier die Frage an: Wie kommen wir dorthin? Auch wenn es zunächst wenig einladend erscheint – ich denke, eine gelassenere Haltung gegenüber dem Tod kann letztlich nur über den Weg einer bewussten Auseinandersetzung erreicht werden. Dabei ist die Frage, wie wir mit der Angst vor dem Tod umgehen, ein guter Ausgangspunkt. Denn sie bringt unsere Ängste zur Sprache und macht sie zum Gegenstand der Betrachtung und des Nachspürens.

M. H.: Dazu kann ich auf eine eigene Erfahrung zurückbli cken. Als ich vor vielen Jahren gefragt wurde, ob ich bereit sei, einen Hospizverein mitzugründen und auch die Leitung dieses Vereins übernehmen wolle, hatte ich zwei deutlich wahrnehmbare Gefühle in mir. Ich fühlte mich wegen der Anfrage geschmeichelt. Gleichzeitig spürte ich Beklem- mung. Hospiz – Leiden – Sterben – Tod – Trauer – Dunk- les – Schweres – Belastendes – Lähmendes umschreibt so ungefähr das in mir entfachte Bilder- und Stimmungskon- zert. Überhaupt war ich gerade in einer beruflich heiteren Zukunftsstimmung. Trotzdem entschied ich mich für die Hospizarbeit. Zu meiner Entlastung in der Begegnung mit dem Thema Tod und Sterben wollte ich den zu gründenden Verein wohl leiten und repräsentieren, ansonsten mich aber in praktische Sterbebegleitung nicht einmischen. Wohl aus Angst oder Befürchtung von Freudeverlust im Sinne der beschriebenen Gefühle und Gedanken.

Während eines fünf Wochenenden umfassenden Ein- führungskurses in die Sterbe- und Trauerbegleitung, zu dem ich mich dann doch entschloss, wandelte sich alles. All meine belastenden Gedanken und Gefühle erfuhren eine Vertiefung, bekamen sozusagen eine andere Farbe und wurden weiter. Ich spürte, dass sich in der Nähe der Angst auch das Vertrauen aufhält und dass das als dunkel Empfundene auch eine lichtvolle Seite hat. Der Tod ist ein Begleiter des Lebens und das Leben ein Begleiter des Todes. All dies war jedoch noch gar nicht die eigentliche, wirklich existenzielle Auseinandersetzung mit dem Tod. Die sollte erst später kommen, als der eigene Vater starb. Aber es war eine erste fühlbare Begegnung und eine Einführung in das offene Sprechen über den Tod. In dem Einführungskurs wurden mit den anderen Teilnehmern Geschichten, Erlebnisse und Erfahrungen ausgetauscht. Vieles Unbekannte bekam einen Namen. Das Gefühl der Angst wich allmählich und eine heilsame Vertrautheit mit dem Thema Tod stellte sich dauerhaft ein. Diese bewusste Auseinandersetzung sollte sich später noch als sehr vorteilhaft in vielerlei Hinsicht herausstellen.

D. B.: »Das älteste und stärkste Gefühl ist Angst, die älteste und stärkste Form der Angst ist die Angst vor dem Unbekannten«, meinte der US-amerikanische Schriftsteller H. P. Lovecraft. Allein die Tatsache, dass eine Erfahrung neu ist und nicht einschätzbar, kann uns ein mulmiges Gefühl bescheren. In Zusammenhang mit dem Thema Tod erlebte ich das selbst recht eindringlich, als ich – frisch aus dem Studium kommend – eine erste Hausführung durch die Klinik bekam, in der ich zu arbeiten begann. In den engen Kellergängen führte der Weg dicht an den Kühlkammern zur Aufbewahrung der verstorbenen Patienten vorbei. Das aufkommende Gefühl einer starken Beklommenheit machte mir bald bewusst, wie unnatürlich mir der Umgang mit dem Sterben bis dato eigentlich war.

Diese Erfahrung habe ich übrigens zum Anlass genommen, meine Studenten auf ähnliche Weise zu sensibilisieren. Wenn wir durch die dunklen Flure gehen, lade ich ein, kurz innezuhalten und nachzuspüren, was sich gerade im Gefühlsleben beobachten lässt, was sich da innerlich tut. Vielleicht kommen Fluchtgedanken auf, vielleicht wird es eng um die Brust, vielleicht geschieht aber auch etwas ganz anderes. Dieses Erspüren der eigenen Reaktionen kann uns achtsam werden lassen für Ängste, die für gewöhnlich nach Kräften ausgeblendet werden.

V. B.: Meinst du, dass wir den Tod immer noch tabuisieren? Mir kommt es eher so vor, dass das Thema aktuell sehr präsent in Medien und Literatur ist.

D. B.: Es wäre wohl nicht richtig, zu behaupten, dass der Tod in keiner Form Eingang in unseren Alltag finde. Er ist durchaus präsent, doch wird er in kulturellem Einvernehmen abgedämpft. Er wird in Riten luftdicht verpackt, in Nachrichten entmenschlicht und in Hollywoodstreifen hedonisch verflacht. Eine bewusste Auseinandersetzung heißt für mich etwas anderes. Sie geschieht gerade erst durch die tiefe persönliche Bedeutung, durch den Bezug zum eigenen Leben. Ein solcher Bezug wird geschaffen, wenn uns der Tod aus heiterem Himmel überfällt; entweder als Betroffene, wenn wir die Diagnose einer lebensbedrohlichen Erkrankung erhalten, oder als Angehörige, wenn wir einen geliebten Menschen verlieren. Aber eine Konfrontation mit dem Tod lässt sich eben auch aus freien Stücken initiieren. In gewisser Weise hat das einen Vorteil, denn er lässt sich so portionsweise und in gut verdaulichen Stücken zuführen. Bedrohlich bleibt der Tod dagegen, solange er die Möglichkeit hat, unvorbereitet in das Leben zu brechen.

V. B.: An den Tod mitten im Alltag zu denken ist eine der ältesten Übungen der Menschheit. Für mich ist deine kleine Übung für die jungen Studenten ein gelungenes und modernes Beispiel für die alte Tradition »*memento mori* – bedenke, dass du sterben musst«. Seit vielen Jahrtausenden ist es Teil unserer Kultur, an den Tod zu denken, sich mit ihm auseinanderzusetzen und somit für das Leben zu lernen. Von der Antike, den Ägyptern und aus der biblischen Weisheitslehre erfahren wir, dass der Tod zu einem Wegweiser und Lehrer für das eigene Leben werden kann, wenn wir ihm nicht ausweichen.

Dadurch, dass du in der Nähe von Leichnamen zum Innehalten aufforderst, bekommen junge Studenten Raum, um die Gewissheit des Todes in sich aufzunehmen, denn »der Tod ist gewiss, seine Stunde ungewiss« *(mors certa, hora incerta).*

Die intuitive Erkenntnis der Vergänglichkeit auch bewusst zuzulassen ist ein lebenslanger Lernprozess. Manchmal habe ich das Gefühl, dass wir Sterbliche die hautnahe Konfrontation mit sterbenden Menschen wirklich dringend benötigen, um auch unsere begrenzte Lebenszeit wahrzunehmen. Wir leben oft so, als wären wir unsterblich.

M. H.: Wie können wir uns denn dem Gedanken und der Erfahrung der Sterblichkeit annähern?

V. B.: Dank unseres Bewusstseins haben wir die Chance, den Tod immer mal wieder anzuschauen. Das kann, wie du sagst, in kleinen und verdaulichen Stücken geschehen. Für mich fängt es schon damit an, dass wir uns bewusst werden, dass wir altern und älter werden. Wenn ich mir Familienbilder ansehe, wird die Vergänglichkeit sichtbar und fühlbar. Es gibt Menschen, die schon tot sind und die ich überleben durfte und nach mir gibt es glücklicherweise eine nächste Generation, die hoffentlich mich überleben wird. Allein diesen Gedanken zuzulassen und ins Gespür zu nehmen, dass Menschen vor mir waren und Menschen nach mir sein werden, ist eine gute Lektion, dass unser Leben endlich ist. Der Lebenskunstphilosoph Wilhelm Schmid spricht davon, dass es zur klugen Lebensführung gehört, sich mit dem Tod zu befreunden. Den Tod nicht als Gegner des Lebens wahrzunehmen, sondern als Freund, der auch dazu da ist, durch die begrenzte Zeit den Wert und die Kostbarkeit des Lebens zu erfassen.

Für mich war in diesem Zusammenhang ein Friedhofsbesuch zum 50. Todestag von Hermann Hesse in Montagnola im Tessin eine besondere Erfahrung. An seinem Grab zu stehen und die letzten Zeilen des Gedichts »Stufen« schweigend nachklingen zu lassen, ist eine Erinnerung, die sich tief in mein Gedächtnis und Gefühl eingeschrieben hat: »Es wird vielleicht auch noch die Todesstunde uns neuen Räumen jung entgegensenden, des Lebens Ruf an uns wird niemals enden ... Wohlan denn, Herz, nimm Abschied und gesunde!« Solche Erlebnisse sind nicht herstellbar, sie erleben zu dürfen und ihnen Raum zu geben ist jedoch der zaghafte Versuch, dem Tod nicht auszuweichen, sondern eine gewisse Nähe zuzulassen. Denn wenn wir uns mit etwas befreunden wollen, müssen wir es uns vertraut machen.

D. B.: Ich möchte anmerken, dass ich es für sehr wichtig halte, hier von Wollen zu sprechen. Denn es liegt in der Hand des Einzelnen, ob er sich freien Willens mit der eigenen Endlichkeit auseinandersetzt. Fest steht: Die Endlichkeit unserer menschlichen Daseinsform ist eine ebenso fundamentale wie unbequeme Wahrheit. Offen steht die Frage, wie viel Wahrheit wir uns diesbezüglich überhaupt zumuten wollen. Damit streifen wir eine zweite und verwandte Frage: Wie hält man es mit der Wahrheit im Allgemeinen? Sich mit Wahrheit bewusst auseinanderzusetzen, bedeutet immer, sich ebenso ihren erfreulichen wie auch schmerzlichen Anteilen zu stellen. Ich möchte dazu eine Vermutung wagen: Könnte man nicht sagen, die Konfrontation mit den schmerzlichen Seiten der Wahrheit ist der Preis, während der Lohn ein Zugewinn an innerer Freiheit ist?

V. B.: Einen ähnlichen Gedanken drückt Hesse in den folgenden Zeilen aus: »Der Weltgeist will nicht fesseln uns und engen, Er will uns Stuf' um Stufe heben, weiten.«

Ich spüre, dass auch eine neu gewonnene Freiheit darin liegt, wenn wir dem Tod nicht angstvoll ausweichen, sondern eher schauen, welche Lebensspuren wir hier hinterlassen wollen. Wenn ich mit meinen Aufgaben im Leben zufrieden bin und erkenne, dass ich einen Beitrag für die Welt zu leisten habe, dann fällt es mir auch leichter, über mein eigenes Sterben zu reflektieren.

M. H.: Die fühlbare Konfrontation mit dem Tod und der Vergänglichkeit kann erschrecken und irritieren. Nie hatte man gedacht, dass das Leben so gefährdet ist und eigentlich immerzu auf Abruf. Solche Einsichten können lähmen und niedergeschlagen machen. Oder man erkennt darin den Hinweis auf den Wert des Lebens. Das Leben als eine Zeitspanne, die gestaltet, erlebt, erlitten und gefüllt werden kann. Diese positive Lebenszugewandtheit ist tief im Personkern eines jeden Menschen angelegt, was nicht immer bewusst werden muss. Insofern hast du im doppelten Sinn zwei wichtige Hinweise gegeben. Einmal, dass der Mensch den Tod bedenken soll: *memento mori*. Und zum andern, dass der Tod auf das Leben verweist, in dem Sinne, dass ein Mensch seine Lebensmöglichkeiten erkennt und Aufgaben findet, durch die er seinen sinnvollen Lebensbeitrag leisten kann, was wiederum zu einer gewissen Zufriedenheit, Beruhigung und Erfahrung von Lebensfülle führt. Man muss aber nicht immerzu an den Tod grüblerisch denken. Das hat auch eine lähmende Wirkung. Aber den Tod überhaupt einmal angeschaut zu haben und sich der Vergänglichkeit des Lebens gewahr geworden zu sein, das hilft, sich der Einmaligkeit des Lebens und seiner Wert- und Sinnfülle bewusst zu werden.

Tod und Vergänglichkeit sind Themen, die in die Mitte eines jeden Lebens gestellt sind. Man kann ihnen nicht wirklich ausweichen. Tut man es doch, zahlt man dafür in der

Regel früher oder später einen Preis. Man ist nicht in die Mitte der Lebenserfahrung vorgedrungen. Fraglich, ob das wünschenswert ist.

D. B.: Wenn du davon sprichst, Lebensfülle zu erfahren, dann erinnert mich das an die Idee des *Daimonion* aus der griechischen Antike. Sokrates verstand das Daimonion als innere Stimme, die uns dazu verhilft, entsprechend der eigenen Bestimmung zu leben und uns selbst zu verwirklichen. In der modernen Psychologie lässt sich das Daimonion gut mit dem Begriff des »Selbst« in Verbindung bringen. Man würde heute sagen, jemand lebt aus dem Selbst heraus, jemand ist in gutem Selbstkontakt oder jemand handelt authentisch. Wer sich aber zufrieden damit gibt, auf der Oberfläche des Lebens zu segeln, begrenzt seine Entfaltungsmöglichkeiten von vornherein. Nicht in Kontakt mit sich selbst zu kommen läuft letztlich darauf hinaus, in einer Art Schrumpfzustand zu leben. Auch Sokrates hatte das erkannt und warnte davor, das Leben nur auf die Vernunft zu stützen.

Damit haben wir gewissermaßen zwei Seiten derselben Medaille beschrieben: Wir erfahren Lebensfülle, wenn wir uns aus der eigenen Tiefe heraus in die Welt einbringen – und uns eben auch in unserer ganzen Tiefe auf die Welt einlassen. Womöglich verliert der Tod seinen Schrecken, wenn wir versuchen, die Welt so wahr wie möglich zu erkennen und sie dabei so wahrhaftig wie möglich mitzugestalten.

Fazit

Ob wir Vertrauen ins Leben haben und wie wir Angstgefühlen begegnen, hängt von individuellen Prägungen ab. Die Beschäftigung mit der Endlichkeit, ob gedanklich, emotional oder ganz praktisch, zum Beispiel in der Hospizarbeit, bietet Möglichkeiten, sich auf reflektierte Art und Weise auseinanderzusetzen und sich mit dem Tod vertraut zu machen. Eine moderne Übung dafür ist der Weg durch die Klinikpathologie für junge Medizin- und Psychologiestudenten. Hier treten üblicherweise zunächst Beklommenheitsgefühle auf, die durch eine achtsame, gleichwohl irritierende Konfrontation nicht gleich verdrängt werden müssen, sondern ins Gespür gebracht werden können. Auch der Besuch an einem Grab kann eine Übung sein, der unbequemen Wahrheit ins Auge zu schauen. Den Tod auf diese Weise zu bedenken birgt die Chance, in sich in innerer Freiheit die Tiefe der Selbstentfaltungsmöglichkeiten zu entdecken und sich mit seinen Lebenspotenzialen in die Welt einzubringen.

Zum Nachlesen

Hesse, Hermann (2003): Mit der Reife wird man immer jünger. Frankfurt a. M.: Suhrkamp.
Jakel, Barbara (2001): Bipolar self: Body psychotherapy, spirituality and bonding – searching for identity. International Journal of Psychotherapy, 6 (2), 115–132. doi:10.1080/1356908C120085787
Schmid, Wilhelm (1998): Philosophie der Lebenskunst. Eine Grundlegung. Frankfurt a. M.: Suhrkamp.

Zum Weiterlesen

Gronemeyer, Reimer (2007): Sterben in Deutschland. Wie wir dem Tod wieder einen Platz in unserem Leben einräumen können. Frankfurt a. M.: Fischer.
Nassehi, Armin; Weber, Georg (1989): Tod, Modernität und Gesellschaft. Entwurf einer Theorie der Todesverdrängung. Opladen: Westdeutscher Verlag.

Kapitel 3

Was verstehen wir unter Gelassenheit?

V. B.: Wir assoziieren wünschenswerte Haltungen mit diesem Begriff wie innere Ruhe, Ausgeglichenheit, Unerschütterlichkeit sowie notwendige Distanz. Ein gelassener Mensch ruht in sich und begegnet den Stürmen und Krisen des Lebens mit einer gewissen Gelöstheit und Souveränität. In Wahrigs Deutschem Wörterbuch wird Gelassenheit mit »maßvoll in der Gemütsbewegung« übersetzt. Betonen möchte ich, dass Gelassenheit nicht mit Gleichgültigkeit, Interesselosigkeit oder »cool sein« zu übersetzen ist. Wir unterscheiden zwischen religiöser und philosophischer Gelassenheit, die in unserem Kulturkreis vor allem durch den Dominikaner und Theologieprofessor Meister Eckhart (1260–1328) und den Existenzphilosophen Martin Heidegger (1889–1976) geprägt wurde. Ich bringe beide Lebensphilosophien in unser Gespräch ein, weil mir wichtig ist, dass Gelassenheit keine leicht zu erlernende Technik ist, sondern dass sie uns in der Tiefe unserer Persönlichkeit und unserer gesellschaftlichen Strukturen bewegt.

Für den Lebenskunstphilosophen Wilhelm Schmid ist Gelassenheit überhaupt erst das »Signum« moderner Lebenskunst. »Das in sich ruhende, ausgeglichene Selbst ist das eigentlich freie Subjekt, denn es ist am ehesten in der Lage, sich der Macht anderer oder anonymer Verhältnisse nicht auszuliefern, sondern über sich selbst die größte Macht zu haben« (Schmid). Gelassenheit ist damit ein Gewinn für die innere Freiheit und Weite. Menschen, die gelassen sind, sind unabhängiger als andere. Sie nehmen Distanz zu den Dingen ein und lassen sich nicht vereinnahmen. Vielleicht darf man gelassene Menschen als Freigeister mit einem weiten Herzen und klarem Verstand bezeichnen.

D. B.: Du bringst Gelassenheit mit innerer Freiheit und Distanzierung in Verbindung. Ich möchte daran mit einem weiteren Aspekt anknüpfen: Gelassenheit muss nicht unbedingt als fest umrissener Zustand verstanden werden. Ich sehe Gelassenheit als eine Bewusstseinsqualität, die sich stufenweise herausbildet. Sie geht mit einer Weitung der Lebensperspektive einher und einer wachsenden inneren Freiheit. Bevor ich von »der« Gelassenheit spreche, sage ich daher lieber, dass man etwas »gelassener« erleben kann als vielleicht noch im Moment zuvor. Dieser Gedanke lässt sich ganz gut anhand dreier Zitate skizzieren. Sie vermitteln eine intuitive Vorstellung davon, was es bedeutet, wenn wir – etwas umständlich – von stufenweiser Weitung der subjektiven Freiheit sprechen.

»Das Thier ist seinem Triebe unterthan« lautet das erste Zitat. Der Schriftsteller Heinrich Martin brachte es im 19. Jahrhundert durch diesen Vers auf den Punkt: Es gibt offenbar eine gewisse Weite von Bewusstsein, in der eher impulshaft und reizgesteuert auf die Umwelt Bezug genommen wird. Fühlt sich ein Reh bedroht, dann flüchtet es. Neugeborene durchlaufen eine solch automatische Verhaltenssteuerung ganz natürlicherweise. Man denke an den Greifreflex, der sich ganz unwillkürlich auslösen lässt, sobald auf die Handinnenfläche eines Kleinkindes ein leichter Druck ausgeübt wird.

Dem heranwachsenden Menschen wird es dagegen zunehmend möglich, sich mit Hilfe seiner Willenskraft über aufkommende Impulse hinwegzusetzen. Das beschreibt das zweite Zitat, wenn nämlich Friedrich Schiller in der menschlichen Geistesfreiheit die »Beherrschung der Triebe durch die moralische Kraft« sieht. Was das bedeutet, weiß jeder, der sich schon einmal auf Arbeitssuche befand und sich vielleicht – lebendiger, als einem lieb ist – daran erinnert, wie bedrohlich sich ein Bewerbungsgespräch anfühlen kann. Aber nur die Wenigsten werden impulshaft auf die Bedrohung reagiert und die Flucht ergriffen haben. Kraft des Willens können wir entscheiden, dieser Situation trotz ihrer Bedrohlichkeit standzuhalten. Verallgemeinert lässt sich darin eine Errungenschaft der Evolution sehen: Eine weitere Stufe der Gelassenheit ist erklommen. Der Wille kann der Angst etwas entgegensetzen, in diesem Fall die Selbstberuhigung. Der Trieb wird also gelassen in und durch die Willenskraft.

V. B.: Nun gibt es aber Situationen, in denen auch der Wille an seine Grenzen stößt. Wie könnte Gelassenheit möglich sein, wenn der Tod anklopft? Wie könnte Selbstberuhigung möglich sein, wenn doch der Tod auch dem Willen zuwiderläuft?

D. B.: Das möchte ich anhand meines dritten Zitats veranschaulichen. Gelassenheit in einem noch umfassenderen Sinn liegt vor, wenn auch der Wille nicht mehr das letzte Wort hat, sondern Gelassenheit aus noch höherer Instanz geschöpft wird. Wunderbar drückt das der griechische Romancier Nikos Kazantzakis aus: »Hoffe nichts, fürchte nichts und du bist frei!« Mit dieser Einsicht weist Kazantzakis weit über die Möglichkeiten des menschlichen Willens hinaus. Und man ahnt: Selbst in scheinbar auswegloser Situationen liegt noch immer eine unendliche Freiheit darin, wählen zu können, ob dem Lauf der Dinge eine Richtung vorgedacht wird oder ob dieser vom eigenen Willen gänzlich unkommentiert bleibt.

V. B.: Wenn ich dich richtig verstehe, ist es in einem ersten Schritt wichtig, dass wir überhaupt gelassen sein *wollen*. Es braucht eine klare Willensentscheidung, dass wir uns nicht von unseren Trieben beherrschen lassen. Wie fragte Viktor Frankl einmal treffend: »Muss man sich denn auch alles von sich gefallen lassen? Kann man nicht stärker sein als seine Angst?« Er verwies damit auf die Stärke und die Überlegenheit des Geistes. Und zugleich habe ich den Eindruck, dass Selbstbeherrschung nicht ausreicht, um die Stufe des gelassenen Seins zu erreichen, die du mit dem dritten Zitat ansprichst. Eine wahrhaft freie Lebensführung erlange ich, wenn ich Hoffnung und Angst als starke Emotionen und Antriebsfedern meines Lebens anerkenne, ihnen aber nicht das Recht zugestehe, mich vollständig in Besitz zu nehmen. Was für ein Anspruch an sich selbst und was für ein Abenteuer!

M. H.: Aber irgendwie bist du auch skeptisch, ob das so funktionieren könnte, oder?

V. B.: Meine Lebenserfahrung hat mir schon häufiger gezeigt, dass ich mir selbst im Wege stehe, wenn ich ausschließlich der rationalen Seite der Klugheit vertraue. Aristoteles nennt verschiedene Qualitäten, über die ein kluger Mensch verfügen sollte. Und er beschränkt sich dabei nicht nur auf wissenschaftliche Erkenntnis, sondern versteht auch Sensibilität, Intuition, Wahrnehmung sowie praktisches Können als kluge Haltungen: »So dürfen wir denn in der philosophischen Weisheit eine Verbindung von intuitivem Verstand und diskursiver Erkenntnis erblicken« (Aristoteles).

Gelassenheit kann sich dann voll entfalten, wenn wir den Raum eröffnen, um uns auf Unbekanntes und Neues einzulassen. Diese Haltung erscheint ja normalerweise nicht gerade erstrebenswert zu sein. Aber in schwierigen, unüberschaubaren und leidvollen Situationen könnten doch gerade das Nichtwollen und Nichtwissen eine ganz neue Orientierung geben. Dann führen sie zu erhöhter Aufmerksamkeit und Offenheit. Mit geschärften und offenen Sinnen gilt es, neue Situationen wahrzunehmen und zu beobachten, ohne zu interpretieren oder zu beurteilen. Hierin wird eine andere Qualität sichtbar, in der philosophische Weisheit im Sinne des gelassenen Seins erfahrbar wird.

D. B.: Eine Erkenntnis, die übrigens die Kulturen und Zeitalter der Welt verbindet. Die Vorstellung, man könne sich Stufe um Stufe zu einem gelassenen Sein hinentwickeln, findet sich in den Weisheitstraditionen und Religionen weltweit. Bemerkenswert ist darüber hinaus, dass die Gelassenheit auch wieder Gegenstand der aktuellen wissenschaftlichen Forschung ist.

M. H.: Aus der Persönlichkeitsforschung kennen wir Zusammenhänge zwischen Weisheit im Sinn von innerer Weite und Selbstberuhigung. Wer in der Weite ist, beschränkt sich nicht auf Ausschnitte und Einzelheiten, sondern hat einen Überblick über viele Facetten des Lebens und die persönlichen Erfahrungen, die er damit gemacht hat. Lebensweisheit wächst durch Offenheit für neue Erfahrungen, dem Interesse, das Leben so zu sehen, wie es wirklich ist.

Das ist keine einfache Sache, weil zunächst einmal auch schmerzliche Erfahrungen zugelassen werden müssen. Das betrifft die Erkenntnis, dass auch das eigene Leben immer auf Abruf steht, dass nichts selbstverständlich ist und alles im nächsten Augenblick auch anders sein kann. Ein langes Leben ist wünschenswert, aber nicht garantiert.

Im fühlenden Anschauen dieser Wahrheiten kommt es zu seelischen Integrationsprozessen. Obwohl der Verstand über manches rätselt, spricht die Seele beruhigende Worte, weil sie in ihrer Weisheit auch Widersprüchliches zulassen und vereinen kann. Die Nicht-Gelassenheit und innere Unruhe können auf mangelnde Offenheit für Erfahrungen beruhen und damit auf versäumte geistige und psychische Integrationsarbeit. Selbstberuhigung beruht auf beruhigenden Erfahrungen, die man schon gemacht hat und an die man sich wieder fühlend erinnern kann. Besonders hilfreich sind Begegnungen mit Menschen, die eine gute Selbstberuhigungsfähigkeit haben und liebevoll, verstehend auf andere Menschen eingehen können. Sie können manche eigene Beruhigungsdefizite wirkungsvoll ausgleichen. Wer also sich selber nicht gut beruhigen kann, sollte so weise sein, sich Freunde zu suchen, die sich selber gut beruhigen können.

V. B.: Mir gefällt die Verbindung von innerer Weite, Selbstberuhigung und Beziehungsgestaltung, die du aufgezeigt hast. Auch in Heideggers Denkweg zur Gelassenheit wird dieses Phänomen näher erörtert. Er spricht von einer »verweilenden Weite«, die den Menschen in großer Freiheit innehalten und aufatmen lässt. Sie bietet einen weiten Raum der Beschaulichkeit und der Besinnung für inneres und äußeres Erleben. Die Weite zeigt keine Begrenzungen. Sie geht über Enge von Vorstellungskraft und Willen hinaus. Sie ist offen für das, was hinter dem Horizont liegt. Die verweilende Weite verbindet Raum und Zeit und ist sowohl Ruhepol als auch energiereiche Kraftquelle. Hier kommen Gedanken und Empfindungen zur Ruhe und hier entstehen sie aus derselbigen. Wenn wir als Wegbegleiter in Sterbe- und Trauersituationen ein offenes, ruhiges und weites Herz haben und uns auf die Unruhe des anderen einlassen können, dann werden wir positive Impulse zur Selbstberuhigung anbieten können.

D. B.: Vielleicht kannst du noch etwas anschaulicher machen, wie du dieses Erleben in der Hospizarbeit erfährst. Was würde es dort bedeuten, sich in einer »verweilenden Weite« zu befinden?

V. B.: Eine Mitarbeiterin eines stationären Hospizes sagte mir einmal: »Wenn ich mir nicht jeden Tag Zeit für die Meditation, das Gebet nehmen würde, dann ginge das hier nicht. Wenn es hier hektisch wird, dann trägt mich das Gefühl der Weite und der Stille.« Als Wegbegleiter sind wir da auch persönlich auf einem Lernweg unterwegs. Es geht immer wieder darum, sich im Alltag in das gelassene Sein einzuüben. In dieser Erfahrung wird die Dialektik der Gelassenheit deutlich. Hier können sich Aktivität und Passivität vereinen. In hektischen Situationen verlässt die Mitarbeiterin für eine kurze Weile ihre Alltagswelt und ruft ein Erinnerungsbild in sich auf, das sie in eine gute und beruhigende Stimmung versetzt. Diese Erfahrung hat sich ganz leiblich eingeschrieben und sie verkörpert diese als Haltung, die ihr hilft sich auf neue leidvolle Situationen von Menschen einzulassen, ohne zu wissen, wie sich diese entwickeln werden.

M. H.: Der Gedanke an den Moment der Vereinigung von Aktivität und Passivität ist interessant. Vor meinem inneren Auge sehe ich ein Pendel. Mal bewegt es sich schneller, mal ganz langsam. An einem bestimmten Punkt vereinigen sich die Bewegungsrichtungen. Das ist auch der Moment der Veränderung. Ein Richtungswechsel, der stetig stattfindet. Genau das scheint mir eine Voraussetzung für gelebte Gelassenheit zu sein. In einem Gespräch mit einer anderen Person habe ich zum Beispiel mal das Bedürfnis, mich selbst mitzuteilen, und bin dann auch wieder in der Lage, der anderen Person gut zuzuhören und ganz bei ihr zu sein. Dann bin ich über das Verhalten eines anderen Menschen verärgert und steigere mich in den Ärger hinein bis zu dem Punkt, wo ich merke, dass es jetzt zu einseitig und ungerecht wird. Dann kann ich innehalten und die Pendelbewegung in die andere Richtung schwingen lassen, indem ich zum Beispiel denke: »Ja, über das Verhalten ärgere ich mich. Und doch hat diese Person auch andere Verhaltensweisen, die mich erfreuen.« Dann bin ich wieder in der Weite und finde zu integrierenden Sichtweisen.

Die Fähigkeit, gedanklich und emotional flexibel zu sein, ist die Fähigkeit des Richtungswechsels. Zur Gelassenheit gehört, nicht in der Starre und Fixierung zu bleiben, sondern sich auch lösen zu können und innerlich beweglich zu bleiben. Den Wechsel von Aktivität und Passivität, von Anspannung und Entspannung, von Denken und Fühlen zu üben. Das gilt für die normalen Alltagssituationen und auch für das Nachdenken über Leben und Tod.

D. B.: Vielleicht könnte man sagen: Gelassenheit ist eine Art Flexibilität. Eine Flexibilität, die sich in alle Richtungen des menschlichen Seins erstreckt. Wenn aber wirklich alle Richtungen gemeint sind, dann setzt das voraus, dass eine höhere Warte der Bewusstheit erklommen wird, von der aus ein Lassen erst möglich wird. Um bei deinem

Bild des Pendels zu bleiben: Wir müssen verstehen, wo das Pendel aufgehängt ist, um den Pendelschlag beeinflussen zu können.

Geht es jedoch darum, sich über den Willen selbst zu erheben, dann ist dies durch die Willenskraft selbst nicht mehr leistbar. Die Fähigkeit zu dieser besonderen Art von Gelassenheit wird erst möglich, indem der Wille selbst transzendiert wird. Es braucht eine weitere Stufe der Bewusstheit, die über den Willen hinausreicht – ein letztes Lassen. Der Weg dorthin führt über die Demut zu einer schlichten Hingabe an das Schicksal.

Fazit

Für die Lebenskunstphilosophie ist Gelassenheit ein »Signum moderner Lebenskunst« und wird mit innerer Ruhe, Ausgeglichenheit und der Fähigkeit, Distanz zu den Dingen einzunehmen, verbunden. Sie ist keine oberflächliche Technik, die in Kürze anzueignen ist, sondern sie ist ein Lebenslernweg, den wir auch in den Weltreligionen wiederfinden. Gelassenheit bildet sich stufenweise heraus und die Voraussetzung dafür ist die Bereitschaft, sich bewusst auf Neues und Ungewohntes einzulassen. Diese Einstellung kann hilfreich sein, wenn Lebenserwartungen und Lebensangebote divergieren. Dann braucht es ein gewisses Maß an Selbstberuhigung und umsichtiger Weisheit, um Anpassungsprozesse vorzunehmen. Für manche Lebenssituationen kann eine zu starke Willenskraft sogar störend sein. Es ist eine gute Portion gedanklicher und emotionaler Flexibilität notwendig, die das Potenzial in sich trägt, über den eigenen Willen hinaus zu gehen oder ihn, anders gesagt, hinter sich zu lassen. Dem eigenen Willen nicht das letzte Wort zu geben, sondern ein gelassenes Vertrauen zum

Schicksal zu entwickeln, braucht Demut und Hingabe an dasselbige.

Zum Nachlesen

Begemann, Verena (2006): Hospiz – Lehr- und Lernort des Lebens. Stuttgart: Kohlhammer.
Kuhl, Julius; Storch, Maja (2012): Die Kraft aus dem Selbst. Sieben PsychoGyms für das Unbewusste. Bern: Huber.
Schmid, Wilhelm (1998): Philosophie der Lebenskunst. Eine Grundlegung. Frankfurt a. M.: Suhrkamp.

Zum Weiterlesen

Meister Eckhart (1985): Deutsche Predigten und Traktate. Hrsg. u. übers. von Josef Quint. 6. Auflage. München: Hanser.
Heidegger, Martin (1959): Gelassenheit. Pfullingen: Neske.
Küstenmacher, Marion; Haberer, Tilmann; Küstenmacher, Werner Tiki (2010): Gott 9.0. Wohin unsere Gesellschaft spirituell wachsen wird. Gütersloh: Gütersloher Verlagshaus.

Kapitel 4

Welche Rolle spielt Demut für die Gelassenheit?

V. B.: Demut ist ja fast ein antiquiertes Wort, das man heute kaum noch wagt auszusprechen. Wenn ich dabei an junge Studierende denke, mit denen ich zusammenarbeite, kann ich mir kaum vorstellen, dass ich sie für die Auseinandersetzung mit Demut begeistern könnte. Dennoch lohnt sich ein Blick auf diese alte Tugend, die nicht unwesentlich zu unserem Menschsein dazugehört. Ähnlich wie die Gelassenheit spricht die Demut eine Seite in uns an, die sich Machbarkeit und Aktivität entzieht. Im Wort der Demut hören wir sowohl den Begriff des Mutes als auch des Dienens. Im Mittelhochdeutschen (diemuot) wurde mit Demut eine dienende Gesinnung verstanden. Der lateinische Ausdruck für Demut, die *humilitas,* verweist dagegen eher auf den Humus, das Erdhafte. Anselm Grün spricht von der Humilitas als Mut zur eigenen Wahrheit. Ist das nicht genau die Haltung, die wir am Ende des Lebens brauchen?

Die Leiterin eines stationären Hospizes hat mir in einem persönlichen Gespräch sehr eindrücklich ihr Verständnis von Demut an der Lebensgrenze mitgeteilt: »Die Vielfalt der Art des Sterbens, die ist so hoch, wie wir sind, und dies einfach zu bemerken, dass jetzt hier in fast vier Jahren fast vierhundert Menschen gestorben sind und jedes Mal, wenn ich es miterlebt habe, war es ganz anders, ganz individuell, und jedes Mal war es eine für uns geschenkte Geschichte. Das finde ich unglaublich, eigentlich weiß man es im Kopf, aber jetzt weiß ich es auch im Bauch, damit meine ich eher in meiner Seele. Das ist ein tiefes Wissen, was ich jetzt in mir habe, das macht mich auch zufrieden, das macht mich zufrieden, glücklich, dankbar. Dankbar und demütig im besten Sinne. Das ist uns allen hier so gegangen, dass Dankbarkeit und Demut für uns ein positiv, wieder-belebter Begriff ist.«

M. H.: Tatsächlich findet man selten jemanden, der ein positives Demutsverständnis hat. Eher werden Begriffe wie Kleinmut, Minderwertigkeitsgefühl, Unterdrücktsein assoziiert. Der Demütige ist dann der, der keine eigene Mei-nung hat, der sich selbst nicht vertreten und durchsetzen kann. Tatsächlich haben wir es hier aber mit einer mangeln-den Differenzierung des Begriffs Demut zu tun. Der Philo-soph Josef Pieper schreibt: »Demut gründet darin, dass der Mensch sich so einschätzt, wie es der Wahrheit entspricht.« Das beschreibt den Kern der Sache. Der Mensch soll sich nach der Wirklichkeit ausrichten, er soll die Dinge so sehen, wie sie sind, einen Sinn für das Machbare und Nichtmach-bare haben, Grenzen nicht imaginieren, wo sie nicht sind, und dort akzeptieren, wo sie sind.

Und dies wiederum steht in einem direkten Zusammen-hang mit der Gelassenheit, zum Beispiel in Bezug auf das Sterblichkeitsbewusstsein. Schon die Vorstellung, dass das eigene Leben endlich ist und vielleicht auch nicht achtzig oder neunzig Jahre währt, beunruhigt manche so stark, dass sie solche Gedanken zu vermeiden suchen. Immer auf der Flucht vor der Konfrontation mit dem Leben, so wie es ist, also auf der Flucht vor der Wahrheit. Wer dagegen imstande ist, der Begrenztheit und jederzeit möglichen Abrufbarkeit des eigenen Lebens ins Gesicht zu sehen, mag sich vielleicht erst beunruhigen, findet dann aber erfahrungsgemäß eher zu einer Haltung der Annahme. Das nennt man Demut. Das Leben in der Gestalt sehen wie es wirklich ist und zu einer bejahenden Haltung zu gelangen.

Demut hat folglich etwas mit Mut, mit Realitätssinn und Offenheit für Erfahrungen zu tun. Das macht eine reife Persönlichkeit aus, die wiederum genau das Gegenteil ist von einem sogenannten »demütigen« (unterwürfigen) Menschen, der, aus welchen Gründen auch immer, dem Leben nicht mutig begegnen mag oder kann.

D. B.: Es ist bedauerlich, wie leicht die Demut missverstanden werden kann. Tragisch ist, dass sie immer wieder missbraucht wird. Insbesondere muss hier die Spiritualität genannt werden, die zum Zweck einer falschen Demut funktionalisiert wird. So halten gerade Religionen, in denen Gott als bedrohlicher Übervater inszeniert wird, Menschen in der Unmündigkeit. Unter anderem bei Sigmund Freud lässt sich nachlesen, welche Folgen ein Gottesbild nach sich zieht, das – im Kindesalter gelehrt – schließlich zur inneren, aber lebensbegleitenden Bestrafungsinstanz wird. Eine solche Demut heißt, dass die Kleinen sich noch kleiner zu machen haben. Sie wird zum Appell an die Selbstentfremdeten, sich selbst bloß nicht näher zu kommen. Und sie zwingt Menschen in die unfreiwillige Unterwerfung. Ich denke, dass derartige Erfahrungen in vielen Menschen nachwirken und eine Haltung des Trotzes auslösen, sobald von Demut nur die Rede ist.

Daneben gibt es aber auch ein anderes Verständnis von Demut. Wenn nämlich die Hochmütigen den Mut aufbringen, sich in ihrer Unvollständigkeit zu erkennen. Wird der Begriff der Demut so verwandt, dann wird sie unverzichtbar:

für eine menschliche Entwicklung hin zu immer größerer Vollständigkeit. In diesem Licht drehen sich die Stärkeverhältnisse plötzlich um. Schwach erscheinen dann gerade diejenigen, die in Hochmut und falscher Stärke gefangen bleiben. Dagegen sind es die Mutigen, die es wagen, sich selbst immer vollständiger zu sehen. Wer sich selbst aufrichtig genug erforscht, der erkennt die andere Seite, den vergessenen Wesensanteil, den blinden Fleck seines Selbst. Man könnte sagen: Sich vollständig erkennen heißt, seine Unvollständigkeit demütig anzuerkennen. Das wäre Demut, wie ich sie verstehe.

Ich will es aber noch anders beschreiben und den Bogen zur Gelassenheit spannen: Gelassenheit ist längst da. Mitten in uns. Sie ist in einem gewissen Sinn Grundzustand unserer menschlichen Existenz. Und die Demut? Sie senkt die selbst errichteten Barrieren, diese Gelassenheit einfach da sein zu lassen. Wer Demut an die Stelle von Hochmut setzt, wird durchlässig werden für das Höhere, Tiefere und Wahrere.

M. H.: Ich möchte auf einen Begriff hinweisen, der kaum bekannt ist und dennoch viel erklärt. Mit dem Begriff Demut verschwistert ist der Begriff Hochgemutheit. Wie die Demut ist Hochgemutheit genau das Gegenteil von Hochmut und das Gegenteil von Kleinmütigkeit. Ich zitiere wieder den Philosophen Josef Pieper: »Der Hochgemute klagt nicht; denn sein Herz läßt sich nicht besiegen von irgendeinem äußeren Übel. Hochgemutheit schließt in sich eine unbeugsame Festigkeit des Hoffens, eine geradezu herausfordernde Zuversichtlichkeit und die gänzliche Ruhe eines furchtlosen Herzens. Der Hochgemute unterwirft sich nicht der Verwirrung des Gemütes, nicht irgendeinem Menschen, nicht dem Schicksal – nur Gott.«

Wer hochgemutet ist, ist sich seines prinzipiellen Wertes bewusst und findet in diesem Wissen eine tragende Sicherheit. Von schwankenden Gefühlen und Stimmungen lässt er sich nicht so beeindrucken, dass sie ihn aus der Fassung bringen. Der Hochgemutete ist vor der Verzweiflung geschützt. Er beugt sich nicht vorschnell Menschen, die ihn entmutigen und kleiner machen wollen. Nur von Gott lässt er sich leiten, vom Gott des Lebens, der mit den Menschen und nicht gegen sie ist. Demut als die Haltung, sich so einzuschätzen, wie es der Wahrheit entspricht, wird durch den Begriff der Hochgemutheit positiv ergänzt. Wenn diese beiden Begriffe zusammen gedacht werden, kann es eigentlich zu keinen Missverständnissen kommen.

D. B.: Die Demut und die Hochgemutheit sollten unbedingt in ihrer Wechselbeziehung gesehen werden. Der Dominikaner und Philosoph Thomas von Aquin war sogar überzeugt, dass Demut nur dann echt sei, wenn sie mit der Hochgemutheit gepaart ist. Auch die christliche Mystikerin Teresa von Ávila führte die beiden Tugenden zusammen: »Gott will und liebt beherzte Seelen, wenn sie nur in Demut wandeln und nicht auf sich selbst vertrauen.«

V. B.: Welche Relevanz, frage ich mich aber, haben diese zwei Tugenden, wenn wir uns über den Tod unterhalten?

D. B.: Der Tod stellt einen Einschnitt in unser Leben dar, der im zusammengezogenen Zustand unseres Alltagsbewusstseins schlichtweg nicht zu begreifen ist. Es ist nicht möglich, sich vorzustellen, dass einmal nicht mehr ist, was als »Ich« bezeichnet wird. Ein Vergleich macht die Radikalität dieses Gedankens deutlich: Wir können uns sehr lebendig ausmalen, dass wir durch einen Unfall vielleicht einen unserer Finger verlieren oder dass wir uns ein Bein brechen. Solche Verluste und Verletzungen würden wir als durchaus schwerwiegend einordnen. Die Vorstellung unseres eigenen Tods geht darüber in einem entscheidenden Punkt hinaus. Während wir von »meinem Finger« oder von »meinem Bein« sprechen können, fällt es uns schwer davon zu sprechen, dass »mein Ich stirbt«. Wir sagen »ich sterbe«. Durch das Possessivpronomen »mein« bildet sich in unserer Sprache ab, dass wir uns irgendwie als Besitzer unseres Körpers empfinden. Wir können unsere Finger und Beine aus der Draufschau wahrnehmen und bezeichnen, wir können sie haben oder nicht haben. Von wo müssten wir schauen, um sinnvollerweise sagen zu können, »mein Ich stirbt«? Wer besitzt uns? Unser Verstand wird an derartigen Fragen – demütig – scheitern. Tugenden geben uns jedoch die Möglichkeit, die Antworten durch das Leben selbst zu erhalten. Gerade die Demut und die Hochgemutheit halte ich in ihrer Verbindung für hilfreich, denn sie lassen sich auf eine recht simple Lebensempfehlung kürzen: Sich selbst zu vertrauen ist groß, sich selbst anzuvertrauen ist größer.

V. B.: Die Tugendethik, wie sie Aristoteles begründete und die später von Thomas von Aquin für den christlichen Kontext weiterentwickelt wurde, gibt wertvolle Hinweise darauf, wie denn gut zu leben wäre. Ein Mensch braucht Gesundheit, Sicherheit, Respekt, Entfaltung der Persönlichkeit, Harmonie mit der Natur, Freundschaft und Muße. Und ich möchte ergänzen, dass wir die Frage nach dem guten Leben nicht beantworten können, ohne die Frage nach dem guten Sterben zu stellen. Tugenden sind immer auf Persönlichkeitsbildung und -entwicklung ausgerichtet und werden auch als Lebenshaltungen, Lebensstile oder Charaktereigenschaften definiert.

Sich selbst in Gelassenheit einzuüben ist damit auch eine Aufgabe der Identitätsbildung. Wir können erst gelassen handeln, wenn wir auch gelassen sind. Eine alte Weisheit, die uns in Zeiten der beschleunigten Postmoderne eine wertvolle Orientierung schenkt. Erst aus inneren Haltungen kann äußeres Handeln entstehen, das authentisch ist. Zugleich dürfen wir wohl in aller Bescheidenheit und Demut anerkennen, dass es sich auch hierbei immer um ein Streben handelt. Natürlich wünschen wir uns in der Tugend der Gelassenheit zu sterben, aber man darf nie vergessen, dass es sich hierbei um ein Idealbild handelt. Vielmehr geht es darum, sich selbst in den Bedingungen und Möglichkeiten dieses Lebens wahrzunehmen, zu versuchen und sich darin zu verstehen. Genau das meint ja die beschriebene Hochgemutheit.

M. H.: Das ist doch bestimmt ein schwieriger Lernprozess?

V. B.: Tugenden können wir uns ja nicht einfach anlesen oder entscheiden, so, jetzt arbeite ich mal ordentlich an mir und werde ein gelassener Mensch. Wichtig erscheint mir wahrzunehmen, dass individuelle Lebenserfahrungen Auswirkungen auf die Entwicklung von Tugenden haben. Erfahrungen können nur dadurch unser Bewusstsein prägen, wenn sie ein Teil unserer Identität werden. Dafür müssen sie reflektiert werden. Manche Lebenserfahrungen müssen wir häufig machen, weil unser Lernprozess einfach länger dauert, bis er als Teil unseres Selbst integriert ist. Tugenden sind nicht theoretisch, sondern praxisorientiert und zeigen sich ganz konkret im Alltag.

Charakteristisch für Tugenden ist, dass sie an einem guten Lebensmaß interessiert sind und die gute Mitte suchen. Diese Mitte ist nicht als Kompromiss zu verstehen, sondern als das optimale Maß, das augenblicklich möglich ist. Der Mensch wird sich, wenn er in dieser Mitte und somit im Einklang mit sich selbst lebt, weder von Gefühlen beherrschen lassen noch ausschließlich seinem Denken vertrauen. Er wird danach streben, dass er beide Anteile des Seins ausgewogen in einer reflektierten personalen Grundhaltung vereinen kann. Also zwischen Hochmut und Unterwürfigkeit finden wir die Tugenden der Demut und der Hochgemutheit, die ja auch eine bestimmte Form von Lebensqualität verkörpern, die paradox klingt.

Ein Mensch, der sich selbst lassen kann, gewinnt ein inneres Gelöstsein und einen klaren Blick auf das, was das Leben jetzt in dieser Stunde, in diesem Augenblick von ihm fordert. Es ist der demütige Blick auf die Realität und die Wirklichkeit eines begrenzten Lebens, das in aller Begrenzung in der Fülle ausgekostet werden will.

Fazit

Für eine tiefe Form der Gelassenheit, die unseren Charakter prägt und Einfluss auf den Lebensstil hat und zu Veränderungen in der Lebensqualität führt, brauchen wir eine gute Mischung aus Demut und Hochgemutheit. Einerseits geht es um den Mut, die eigenen Begrenzungen zu sehen. Andererseits sind auch ein bejahender Selbstwert und eine realistische Selbstsicherheit zu entwickeln. Die Tugenden der Demut und Hochgemutheit sind die gute Mitte und das gute Maß zwischen Hochmut und Unterwürfigkeit. Demut als Begriff, der eher mit einer dienenden Grundhaltung assoziiert wird, die allzu leicht in die Nähe der Schwäche gerät, kann gerade für die Hochmütigen ein Gewinn an Selbsterkenntnis sein. Die Verhältnisse von Stärke und Schwäche werden in einem neuen Licht gesehen. In regelmäßigen

Erfahrungen von Sterbebegleitungen liegt das Potenzial, sich in bestem Sinne der Demut und Hochgemutheit in die Gelassenheit einzuüben. Es geht dabei um ein tiefes Wissen, das zufrieden, glücklich und dankbar macht. Besser kann man den Inbegriff von Tugenden nicht beschreiben.

Zum Nachlesen

Hoye, William J. (2010): Tugenden. Was sie wert sind, warum wir sie brauchen. Ostfildern: Matthias-Grünewald-Verlag.
Pieper, Josef (2004): Über die Tugenden. Klugheit, Gerechtigkeit, Tapferkeit, Maß. München: Kösel.

Zum Weiterlesen

Drewermann, Eugen (2012): Die sieben Tugenden. Mannheim: Patmos.
Grün, Anselm; Dufner, Meinrad: Spiritualität von unten. Münsterschwarzach: Vier-Türme-Verlag.
Ricken, Friedo (2004): Gemeinschaft, Tugend, Glück. Platon und Aristoteles über das gute Leben. Stuttgart: Kohlhammer.

Kapitel 5

Welche Rolle spielt der Sinn
für die Gelassenheit?

M. H.: Sinn braucht der Mensch zum Leben genauso wie Brot und Wasser. Sinn setzt Lebenskräfte frei. Wer um einen Sinn weiß, hat Kraft, kann auch viel ertragen und tragen. Dabei braucht Sinn uns nicht einmal bewusst zu werden. Wir nehmen ihn schon im Hintergrund des Bewusstseins auf einer Fühlebene wahr. Im Allgemeinen erfahren wir unser Leben als sinnvoll. Doch dann werden wir mit Ereignissen konfrontiert, die den Sinn unseres Lebens oder das, was wir dafür gehalten haben, in Frage stellen. Eine Krankheit, die uns selbst oder einen Angehörigen trifft, bringt die gewohnte Ordnung durcheinander. Ein geliebter Mensch stirbt unverhofft, oder es wird einem plötzlich die Endlichkeit des eigenen Lebens schmerzlich bewusst. Das bisher gelebte und funktionierende Sinnkonzept reicht nicht mehr aus. Und mit einem Mal stehen wir ganz klein vor einem ganz großen Fragezeichen. Die Lebensorientierung droht verloren zu gehen.

Wohl wie kein anderer hat der Psychiater und Philosoph Viktor E. Frankl innerhalb der Psychotherapie die Sinnfrage reflektiert und seine Antworten darauf weltweit verbreitet. Er beschreibt verschiedene Wege zum Sinn. Sinn steht logischerweise immer im Zusammenhang mit etwas Sinnvollem, das heißt etwas Wertvollen. Sinnverwirklichung ist

Werteverwirklichung. Sinnerfahrungen werden vermittelt über die schöpferischen Werte, über Erlebniswerte und Einstellungswerte. Im Schaffen und Gestalten, im produktiven Tun erleben wir Sinn, der uns Zufriedenheit schenkt. Sinnerfahrungen sind aber nicht auf das Tun begrenzt. Auch im Erleben der Schönheit der Natur, einer herzlichen menschlichen Begegnung oder dem Hören von guter Musik erleben wir Freude und Sinn. Wir fühlen uns bereichert und erfüllt.

Doch auch wenn weder das Tun noch das Erleben im Vordergrund stehen können, bleibt bei Schicksalsschlägen noch ein Weg der Sinnverwirklichung übrig. Indem jemand gegenüber einem nicht abänderbaren Schicksal eine ertragende, duldende, vielleicht sogar bejahende Haltung einnimmt, verwirklicht er Einstellungswerte. Er erbringt eine menschliche Leistung im höchsten Maß und wirkt dadurch gleichzeitig als Vorbild für viele andere, die in ähnlichen Situationen um Sinn ringen. Diese Differenzierung des Sinngedankens erweitert die Möglichkeiten der Sinnerfahrung und kann deshalb auch wesentlich zu mehr Gelassenheit beitragen, weil mehr Möglichkeiten der Sinnverwirklichung gesehen werden.

D. B.: Im Werk und Leben Viktor Frankls kommt zum Ausdruck, wie dringend notwendig es werden kann, dass wir unseren Sinn auf etwas gründen, das über unsere egozentrische Perspektive hinausgeht.

Wenn ich an meine Arbeit als Sterbebegleiter denke, dann muss ich sagen: Ich habe Situationen miterlebt, von denen man annehmen muss, dass sie bei weitem übersteigen, was Menschen ertragen können. Da ist der schwerstkranke Mensch, ahnend, dass es bald zu Ende gehen wird, manches Mal im Kampf mit Schmerzen, Schuld und Sinnverlust. Und da sind die Angehörigen, in tiefer Verzweiflung, Ohnmacht und Zukunftsangst. Fast taktlos erscheint die Frage, wie es Sterbendem und Trauernden gehe. Was sollte darauf geantwortet werden? Gut? Schlecht? In diesen Begleitungen – wenn Sprachlosigkeit auf Sprachlosigkeit trifft – wird mir bewusst, wie es der Tod schafft, die Kategorien alles bisher Erfahrenen zu sprengen.

Ginge man nun davon aus, dass es allein Freude, Glück und Zufriedenheit sind, die im Leben zählen, dann würde uns die Erfahrung solchen Leids in eine tatsächlich sinnfreie Zone katapultieren. »Für was all das?« wäre dann die berechtigte Frage. Wenn es wirklich nur um die guten Seiten im Leben ginge, dann wäre der Begriff eines Teufelskreises im wörtlichen Sinn zutreffend: Leben wäre dann nichts anderes als der Zustand einer gefühlten Hölle – wie ein Hamster im Rad des Lebens zu laufen, wissend, dass es vor Leid, Trauer und Tod am Ende doch kein Entkommen gibt. Diese Auffassung ist im Buddhismus zentral. Das leidvolle Durchleben dieses Kreislaufs wird dort »Samsara« genannt, das ewige Rad der Geburten und Tode.

M. H.: Dieses ewige Rad wirkt auf mich allerdings wenig tröstlich. Würde das nicht auf einen Kreislauf endloser Sinnlosigkeit hinauslaufen?

D. B.: Daher meine Formulierung im Konjunktiv. Denn in der Idee, dass dieser Kreislauf gerade nicht die letzte Wirklichkeit ist, treffen sich die Buddhisten mit Viktor Frankl. Es gibt doch einen Ausweg. Und dieser liegt im Finden und Leben eines immer tieferen Sinns; und irgendwann vielleicht sogar letzten Sinns. Wichtig ist zu sehen, dass sich ein letzter Sinn gerade nicht sprachlich fassen lässt. Denn es liegt in der Natur der Sprache, dass sie eingrenzt und abtrennt. Sprache bezeichnet immer einen Ausschnitt aus unserer Erfahrungswelt. Wir hatten bereits den Begriff der »Transzendenz« angesprochen. Ein letzter Sinn muss auch die Sprache transzendieren, er muss durch die Sprache über sie hinaus führen. Was Sprache aber durchaus leisten kann, ist das Schaffen von Analogien. Analogien können uns einen Geschmack davon vermitteln, was in Worten nicht eingefangen werden kann.

Vielleicht macht ja nachstehende Analogie – in diesem Fall bezogen auf die Sprache selbst – etwas anschaulicher, was es bedeuten könnte, von einem tieferen Sinn des Lebens zu sprechen: So wie der tiefere Sinn eines Wortes das ist, was das Wort wirklich meint, so ist der tiefere Sinn des Lebens das, was das Leben wirklich meint.

V. B.: Das Leben hat also einen Eigenwert und einen Eigensinn in sich. Zugleich wollen wir diesem Leben natürlich auch selbst einen Sinn verleihen, es mit Sinn füllen. Daran wird wohl unser ganzes menschliches Dilemma deutlich. Wir wollen immer etwas tun, gestalten, handeln und zugleich ist der Sinn bereits vorhanden. Den Sinn da sein lassen, ihn auch geschehen zu lassen und ihm nicht im Wege zu stehen, kann eine wichtige Lebensaufgabe sein, die eher von Passivität als von Aktivität geprägt ist. In der Geburt eines Menschen wird diese Sichtweise auf phantastische Art und Weise deutlich. Das kleine Wesen hat einen Wert in sich. Leben ist kostbar und schützenswert, ohne dass irgendeine Leistung erbracht wurde. Ich glaube, wir stehen uns manchmal selbst im Weg, wenn wir alles verstehen, wissen, erkennen und erklären wollen. Auch hier zeigt sich, dass Sprache immer nur ein Fragment ist. So wie es mit dem Leben auch häufig der Fall ist. Dennoch wünschen wir uns natürlich alle, dass Sinn als roter Faden im Leben sichtbar sein könnte.

D. B.: Doch sehen wir diesen roten Faden nur selten geradlinig verlaufen, fürchte ich. Und oft genug verlieren wir ihn gänzlich aus dem Blick.

V. B.: So ist es. Wir brauchen gradliniges Denken, um uns zu orientieren, aber das Leben als Ganzes lässt sich damit nicht erfassen. Der rote Faden ist eben nicht immer offensichtlich vorhanden. Manchmal zieht er auch im Verborgenen seine Spur oder sucht Umwege, die sich erst später als sinnvoll erweisen. Etymologisch entspringt das Wort »Sinn« dem althochdeutschen »sinnan«, was so viel wie »reisen, streben, gehen« meint. Das passt gut zu dem Bild, dass unser ganzes Leben ein Weg, eine Reise und eben auch ein Streben ist. Ein Mensch, der im Leben einen Sinn gefunden hat, wird dafür auch weite Wege in Kauf nehmen, Hindernisse überwinden. Der Sinn ist Motor und Kompass unseres Lebens. Wenn Sinn in enger Beziehung zum Reisen steht, bedeutet das auch, sich auf unbekannte Gebiete einzulassen. Die Lust am Neuen ist eine sinnliche Erfahrung, die den eigenen Horizont weitet und das Leben reicher macht.

D. B.: Damit ich dich richtig verstehe: Muss Sinn also ganz konkret anfassbar werden, damit wir einen Zugang zu ihm bekommen? Oder finden wir erst durch den großen Sinn dahinter auch Sinn in den kleinen Dingen?

V. B.: Sowohl als auch. Natürlich brauchen wir Lebensaufgaben, Lebensziele und Menschen, die ganz konkret sinnstiftend sind. Eine große Liebe, ein erfüllender Beruf, das Zusammensein mit Freunden, ein tragfähiger Glaube sind Inbegriffe eines sinnvollen Lebens. Zugleich gibt es eine andere Lesart über den letzten Sinn. Frankl hat vier Konzentrationslager überlebt und fast seine gesamte Familie wurde durch die Nationalsozialisten ermordet. An welchen Sinn konnte er sich festhalten? Ich habe mal einen kleinen Filmausschnitt gesehen, der mich nachhaltig beeindruckt hat. Frankl sagt darin, dass er nicht wusste, wer oder was ihn in seiner Heimatstadt Wien erwarten würde. Als er feststellte, dass niemand auf ihn wartete, gab es zwei Möglichkeiten. Er sagte: »Entweder man bringt sich angesichts dieser Umstände um, oder aber es gibt irgendwelche Ressourcen in einem, die einen davon abhalten, und das war mein bedingungsloser Glaube an einen letzten Sinn, der uns zwar verborgen sein mag, aber er ist da.«

Auch hier sehen wir die Grenzen unserer Sprachfähigkeit. Angesichts einer solchen Erfahrung und authentischen Aussage, den Willen zum Sinn in sich lebendig zu halten, werden wir sprachlos. Frankl hatte Zugang zu der Ressource, dass das Leben einen ganz eigenen Wert und Sinn in sich selbst hat. Es ist durchaus eine demütige Haltung vor dem Leben und die tiefe Erkenntnis, dass es Grenzen des Denkens gibt, die zu akzeptieren sind.

Viele philosophische Strömungen verweisen auf diesen ursprünglichen Sinn im Leben. Die Mystiker sagen: »Die Ros' – blüht ohn' warum.« Das Leben ist einfach da, der Rosenduft liegt im Sommer in der Luft. Wir dürfen zweckfrei genießen und erleben, dass dieser Genuss zutiefst sinnvoll sein kann, die Sinne anregt und die innere Einstellung und Lebenshaltung belebt.

M. H.: Viktor E. Frankl betont, dass Sinnorientierung die seelische und körperliche Gesundheit enorm stärken kann, besonders in Krisensituationen. Im Bereich der Psychoneuroimmunologie, die den Einfluss des Seelischen auf das Abwehrsystem des Körpers untersucht, bestätigt sich, dass eine positive Gefühlslage (Affektlage) positiv auf das

Abwehrsystem (Immunlage) wirkt. Sinnerfahrungen wirken in tiefere Schichten der Persönlichkeit in Form eines Stimmigkeitsgefühls.

Elisabeth Lukas beschreibt in ihrem Buch »Geborgensein worin?« einen Modellversuch in einem Heim für Aids-Kranke in Sizilien. Den Kranken war die Möglichkeit gegeben, sozusagen als ein letztes Meisterwerk in ihrem Leben, eine Ikone zu malen, die sie jemandem widmen konnten. Es ergab sich, dass die vorwiegend jungen Männer sich in solcher Selbstvergessenheit und Sinnerfülltheit der Aufgabe widmeten, dass sie als Ergebnis des Modellversuchs »signifikant weniger Analgetika« (zurückzuführen auf eine heilsame Selbstvergessenheit) benötigten, dass die »furchtbaren Todeskämpfe« ausblieben (zurückzuführen auf den Frieden mit sich selbst, begründet im Wissen um ein sinnvolles Tun) und dass keiner gestorben war, bevor er seine Ikone fertiggestellt hatte (Trotzmacht des Geistes).

V. B.: In diesem Modellversuch zeigt sich, dass inmitten und trotz allen Leidens eine grundlegende Bejahung und Hingabe an das Leben möglich sind. Die Lebenskunstphilosophie nach Wilhelm Schmid lehrt uns, dass das Material der Lebenskunst das Leben selbst ist. Die Aids-Kranken in Sizilien sind Lebenskünstler, die die Prämisse »Gestalte dein Leben so, dass es bejahenswert ist« ernst nehmen. Im Gestalten der Ikone gestalten sie sich selbst und erleben ein sinnvolles Tun in ihrer begrenzten Lebenszeit. Das Bejahenswerte ist zugleich das Sinnvolle. Damit kann der existenzielle Imperativ zu einer Orientierung für sinnvolle und erfüllte Lebensgestaltung werden. Und dieses »Ja« will nicht nur gedacht und ausgesprochen werden, sondern es will erlebt und gespürt werden. Mit diesem »Ja« zum Leben ist persönliche Lebensgeschichte zu schreiben und ein einzigartiges Lebensmuster zu entwerfen. Hierin zeigt sich eine philosophische Grundhaltung als Streben nach einem sinnerfüllten Leben. Dazu braucht es Lust und Freude an der schöpferischen Arbeit der Selbstverwirklichung.

Ich kann mir gut vorstellen, dass es bei der Anfertigung der Ikonen ewige Augenblicke gegeben hat – Momente, die man vielleicht als heilig bezeichnen könnte. Das Leben ist in sich heilig und es gibt Zeiten und Räume, in denen wir einen besonderen Zugang dazu haben. Interessanterweise sind es Lebensphasen, in denen sich Leichtes und Schweres, Leid und Freude, Schmerz und Lust auf eine ganz eigene Art verbinden – oft ohne unser Tun. Das sind wohl auch die Momente, ähnlich wie bei der Ikonenmalerei, in denen wir uns selbst ganz da sein lassen können.

D. B.: Das sinnerfüllte Aufgehen in einer künstlerischen Tätigkeit lässt mich an das Aufgehen in einer zwischenmenschlichen Begegnung, insbesondere einer Liebesbeziehung, denken. Denn hier passiert Ähnliches: In beiden Fällen lässt man sich auf ein Stückchen Welt ein, das – zunächst repräsentativ und versuchsweise – für das Ganze steht. Eine Liebesbeziehung ist dann eigentlich nichts anderes, als in Beidseitigkeit zu wagen, die Welt tiefer zu erkennen: Zwei Menschen fassen den Entschluss, sich ihrem Gegenüber in offenbarender Weise anzuvertrauen. Am Ende steht die Hoffnung, in ihrer Offenbarung ganz verstanden zu werden; in ihren Stärken und Schwächen, ihren Sehnsüchten und Befürchtungen, ihren ganz persönlichen Gründen, genau so zu werden, wie sie geworden sind. Das Wagnis liegt dabei in der Offenbarung. Denn es bleibt vorerst ungewiss, inwieweit sich die Hoffnung bestätigt, dass der gegebene Einblick auf Gegenliebe stößt.

V. B.: Ich denke allerdings, in der Praxis wird es nie so sein, dass sich zwei Menschen einander vollständig offenbaren, geschweige denn in jedem Punkt auf Gegenliebe stoßen.

D. B.: Selbstverständlich kann auch die wünschenswerteste Liebesbeziehung immer nur eine Annäherung sein an das Ideal, in seiner Selbstoffenbarung restlos angenommen zu werden. Zwischen der erfahrenen Beziehungsqualität und dem gesuchten Sinn wird immer ein Spalt klaffen. Diesen Unterschied – zwischen Erfahrung und Sinn – hat Platon in seinem bekannten Höhlengleichnis veranschaulicht: Er stellte sich eine Höhle vor, in der Gefangene leben. Ihr Blickfeld ist allerdings stark eingeschränkt, denn es gibt allein die Sicht auf ein Schattenspiel an der Höhlenwand frei, das durch Menschen verursacht wird, die vor dem Höhleneingang auf und ab laufen. Da die Gefangenen die Ursache der Schatten nicht erahnen, bleibt ihnen nichts anderes, als diese für einzig wirklich zu halten. Sie bekommen immer nur ein Abbild der Wirklichkeit zu Gesicht und setzen dieses als letztgültig.

Damit lenkt Platon uns auf den entscheidenden Punkt hin: Erst wenn wir Liebesbeziehungen in jener Ahnung eines tieferen Sinns leben, können wir sie vollständig werden lassen. Trotz des immer klaffenden Spalts zwischen dem, was ist, und dem, was sein soll: Die erfahrene Unvollständigkeit unseres Menschseins lässt sich vervollständigen – durch unser Vertrauen. In diesem Vertrauen kann eine Liebesbeziehung zum Sinnbild werden, für eine weltliche Erfahrung, vollständig angenommen zu sein. Es ist wie eine Kostprobe für den letzten Sinn dahinter. Warum nicht den Mut aufbringen, dieses Vertrauen weiterzutragen in andere Bereiche und Phasen des Lebens – vielleicht sogar über das Leben hinaus?

Fazit

Der Mensch ist das einzige Wesen, das nach Sinn sucht und strebt. Sinn ist existenzieller Nährstoff des begrenzten Daseins. Besonders in Situationen, die uns sprachlos und hilflos machen, hält Sinn den Zugang zu Lebenswerten offen. Das Vertrauen in diesen letzten Lebenssinn führt über aktuell erlebtes Leid hinaus und zeigt einen Ausweg aus dem Rad des Lebens mit seiner tragischen Trias aus Schuld, Leid und Tod. Das Höhlengleichnis führt eindrucksvoll vor Augen, wie begrenzt die subjektive Wahrnehmung ist und welche Kraft in der Ressource Sinn liegt. Der Mensch braucht sich trotz aller Widrigkeiten nicht von existenzieller Sorge gefangen nehmen zu lassen. Er bleibt in aller Sorge ein freier Mensch. Das Gleichnis fordert dazu auf, den Blick aus der Enge der Sinnlosigkeit zu befreien. Den Sinn ins Leben zu lassen und ein gutes Gespür dafür zu haben, dass er irgendwo verborgen ist, schenkt Gelassenheit im Hier und Jetzt und lässt den Einzelnen ein vertrauensvolles Ja zur Lebenswirklichkeit wagen.

Zum Nachlesen

Frankl, Viktor E. (2013): Das Leiden am sinnlosen Leben. Psychotherapie für heute. Freiburg: Herder.

Frankl, Viktor E. (2002): … trotzdem Ja zum Leben sagen. Ein Psychologe erlebt das Konzentrationslager. München: Deutscher Taschenbuch-Verlag.

Lukas, Elisabeth (1994): Logotherapeutische Leitlinien zur Rückgewinnung des Urvertrauens. Freiburg: Herder.

Schmid, Wilhelm (1998): Philosophie der Lebenskunst. Eine Grundlegung. Frankfurt a. M.: Suhrkamp.

Zum Weiterlesen

Lukas, Elisabeth (2011): Binde deinen Karren an einen Stern. Was uns im Leben weiterbringt. München: Verlag Neue Stadt.

Polednitschek, Thomas (Hrsg.) (2010): Meister Eckhart. Philosophisch leben. Freiburg: Herder.

Kapitel 6

Welche Rolle spielt Stille
für die Gelassenheit?

D. B.: Auf eine erste Spur, wie Gelassenheit und Stille zusammenhängen könnten, kann uns die folgende Geschichte bringen. Ein Kloster hatte einmal Gäste zu Besuch. Im Garten trafen diese auf einen Mönch, der gerade dabei war, Wasser aus einem Brunnen zu schöpfen. Einer von ihnen fragte den Mönch: »Welchen Sinn siehst du darin, hier in dieser Stille zu leben?« Statt zu antworten, bat der Mönch den Gast, hinab in den Brunnen zu blicken: »Was siehst du?« »Nichts, nur das Glitzern der Wasseroberfläche«, antwortete dieser. Nach einer Weile bat er den Gast ein zweites Mal in den Brunnen zu blicken: »Was kannst du jetzt sehen?« »Ich sehe mich selbst!« »Siehst du«, entgegnete der Mönch, »das ist der Sinn der Stille. Als das Wasser noch unruhig war, konntest du nichts außer den unendlichen Reflexionen des Lichts wahrnehmen. Jetzt, nachdem sich das Wasser beruhigte, hast du dich selbst erkannt.« Die Gäste waren still geworden. Der Mönch verneigte sich und kehrte zurück ins Kloster.

Ein Ort der Stille, so legt die Geschichte nahe, kann einen wertvollen Rahmen dafür geben, näher zu sich selbst zu kommen. Wer sich permanent Lärm, Unterhaltung und Stimulation aussetzt, verstellt sich von vornherein Gelegenheiten, in tiefere Schichten der Selbsterkenntnis vorzudringen. Dagegen zieht eine tiefe Gelassenheit ihre Kraft notwendigerweise aus der Verbindung mit dem eigenen tiefsten Selbst.

V. B.: An einem Ort der Stille wird die äußere Ruhe also zu einer Einladung, zu seiner tiefsten inneren Ruhe zu finden. In Anbetracht von Hektik und Stress kann ein solcher Ort fast etwas Heiliges haben.

D. B.: Heilig sicherlich in dem Sinn, dass an diesem Ort eine Aufmerksamkeit entsteht, die uns näher dorthin bringt, wo wir eigentlich längst sind. Es ist eine anthropologische Konstante, dass Menschen heilige Orte gemeinschaftlich im Außen suchen und rituell teilen. Entscheidend ist, zu sehen, dass es nicht um die äußeren Orte an sich geht. Das eigentlich Heilige an ihnen war in allen Zeiten das, was sie in uns bewirken, nämlich einen Zugang zu uns selbst zu vermitteln. So gesehen kann jeder Ort heilig sein, sofern er uns darin unterstützt, nach innen zu hören und dort mit uns selbst in einen tiefen Kontakt zu kommen.

Wie man es schaffen kann, Orte und Zeiten der Stille mitten in das eigene Leben zu holen, dafür findet sich in der menschlichen Kulturgeschichte ein überaus breites Spektrum an Empfehlungen. Es bedarf also nicht zwingend der Weltflucht oder eines Rückzugs in ein Kloster. Wohl aber bedarf es eines langen Wegs geduldiger Übung, sich immer wieder an seiner eigenen Mitte auszurichten – trotz aller Verlockungen des Lebens, sich in diesem zu verzetteln und zu verlieren.

V. B.: Wir sprechen ja auch davon, dass uns manche Zeiten heilig sind. Ich erinnere mich noch daran, dass früher der Sonntag ein solcher Tag war. Der Tag hatte seine eigene Stimmung. Es war alles etwas ruhiger, langsamer, ja sogar etwas feierlich. Das Essen war ein kleines Menü mit Vor- und Nachspeise, Eltern hatten Zeit zum Spielen mit ihren Kindern und es gab sogar noch Sonntagskleidung. Der Sonntag hatte seinen eigenen Zauber, der dazu führte, dass Vielbeschäftigte ihre Arbeit einen Tag liegen lassen konnten. Heute haben viele Menschen mehr denn je das Gefühl, dass es wieder heilige Zeiten braucht. Zeiten, die sie in der geräuschvollen und beschleunigten Zeit wieder heil machen. Heilig wird etymologisch dem Wort »heil« und dem Zugang zum Göttlichen zugeschrieben. Heute verstärkt sich jedoch der Eindruck, dass der Mensch vor der heilsamen Stille eher flieht.

D. B.: Mich würde interessieren, wie du dir diese Flucht vor der Stille erklärst.

V. B.: Einerseits sehnen wir uns nach dieser Qualität des Lebens und andererseits fürchten wir sie, weil wir dort eben uns selbst begegnen. Und manchmal ist es ja gar nicht so angenehm zu sehen, wem wir da begegnen, was wir wahrnehmen, spüren und erkennen. Ich habe fast den Eindruck, dass wir das Stillsein heute wieder neu erlernen müssen. In unserer Zeit sind wir Meister darin, die Stille zu verdrängen. Es ist gut, dass es dafür Klöster als Wegbereiter und geistliche Wegbegleiter gibt, die uns lehren, welche große Kraft in der Stille für den Alltag mit seinen vielen Anforderungen liegt.

Die Stille ist der Raum für besinnliches Denken, für Erwägung, Betrachtung und Reflexion. All das fassen wir unter Meditation zusammen. Carl Friedrich von Weizsäcker hat in einem »Gespräch über Meditation« gesagt: »Es ist ein Stillwerden des bewussten Getriebes und es meldet sich, es zeigt sich etwas, was auch vorher immer da war. Überhaupt, man wird durch die Meditation kein anderer, sondern man wird der, der man immer gewesen ist.«

In Zeiten der Stille begegnen wir also unserem Wesenskern. In der Dialektik von Stille und Lärm können wir auch die Polarität von Festhalten und Loslassen erfahren. In der Stille verzichten wir einen Augenblick auf Wünsche, Pläne und Vorhaben. Hier geht es eher darum, mich selbst zu lassen, um mich zu erkennen. Ohne die Stille und die Ruhe fehlte uns eine wichtige Dimension unserer Ganzheit. »Die rechte Stille ist eine Kraft aus dem himmlischen Ursprung. Wo sie von einem Menschen ausgeht, übt sie eine zugleich lösende und ordnende Wirkung aus« (Karlfried Graf Dürckheim).

D. B.: Was im täglichen Trubel, durch unsere Gewohnheiten und unser Funktionieren im »Automatikbetrieb« auf der Strecke bleibt, das bekommt in der Stille Gestalt und Gehör. Natürlich wird es uns ängstigen, wenn in der Stille Themen anklopfen, die bisher einfach zur Seite geschoben wurden. Viele Menschen kennen das vom Bezug der ersten eigenen Wohnung. Oder von einem allein verbrachten Abend im Hotelzimmer: Aus der Geselligkeit und Betriebsamkeit kommend, wird die Erfahrung plötzlicher Stille fast zur Herausforderung.

Wenn es nicht die Angst ist, die uns davon abhält, der Stille mehr bewussten Raum zu geben, dann ist es die erwartete Langweile und Sinnlosigkeit. Über die Praxis der Zen-Meditation, die in völliger Schweigsamkeit stattfindet, habe ich öfter sagen hören: »Meditieren ist mir einfach zu langweilig. Was sollte da schon passieren?« Dabei erscheint mir die Beobachtung, dass die Stille die Frage nach deren Sinn selbst aufwirft, gerade als Argument dafür, sich tiefer mit ihr auseinanderzusetzen. Genau da lohnt es sich hinzuschauen und hinzufühlen. Denn: Was auch immer in der Stille aufsteigt, wird sein Gesicht ändern in der Bewusstheit der Betrachtung.

Vielleicht lässt sich dazu eine grobe Parallele ziehen und das Aushalten der Stille mit einem kalten Entzug vergleichen. Das Suchtmittel wäre dann die allzu selbstverständlich gewordene Stimulation unseres Alltags. Wohin würde es uns führen, wenn wir die Angst und Langeweile annehmen und durchbrechen würden – und schließlich Dahinterliegendes kennenlernten? Wie würde es sich anfühlen, frei von Abhängigkeiten in sich selbst zu ruhen? Vielleicht würden wir klarer zurückkehren ins Leben und uns bewusster einlassen auf dessen Möglichkeiten und Verführungen.

M. H.: Mit der Stille im Alltag ist es wirklich nicht zum Besten bestellt. Ich mag die Vielzahl der Lärm- und Störquellen gar nicht aufzählen. Manchmal fühlt man sich vom Lärm geradezu verfolgt. Und schlimmer noch wirkt es, wenn man hinter dem Lärm unachtsame Menschen wahrnimmt, die gar nicht wissen, wie vielen Menschen sie Stress verursachen. Dass fehlende Stille keine gute Grundlage für eine tiefere Beziehung zu sich selbst, zur Welt und zu anderen Menschen ist, dass kann man in der Literatur schon seit frühesten Zeiten lesen. Auch wird kaum einer Schwierigkeiten mit dem Gedanken haben, dass Stille etwas sehr Erstrebenswertes ist. Wohl aber mangelt es vielen an der persönlichen Erfahrung von Stille. Und wer diese Erfahrung machen will, muss manchmal durch eine Phase der Unruhe hindurch.

Im Jahre 2006 sah ich im Ausland im Kino den Film »Die große Stille« von Philip Gröning, in dem drei Stunden lang das Leben der Mönche in einem Schweigekloster gezeigt wird. Der Film wird nicht mit Musik untermalt, es wird nicht gesprochen, nur manchmal gesungen. Ansonsten ist der Zuschauer die ganze Zeit über mit der Erfahrung der Bilder und der begleitenden Stille konfrontiert. Ich war so beeindruckt von dem Film, der mich ganz in den Bann zog, dass ich die Kinobesitzerin in meiner Heimatstadt dazu animierte, den Film an zwei Tagen zu zeigen. Die verschiedenen Erfahrungsberichte der Kinobesucher waren interessant. Eine kleine Gruppe verließ innerhalb von zwanzig Minuten den Kinosaal, weil sie so viel Stille als unattraktiv empfanden und unruhig wurden. Viele andere blieben sitzen und fühlten sich gleichermaßen unwohl, bis sie nach etwa einer halben bis dreiviertel Stunde so konzentriert in das stille Geschehen des Films eingetaucht waren, dass sie darüber die Zeit vergaßen und sich am Ende des Films wohlig und innerlich ausgeglichen fühlten.

Das war für viele eine ganz besondere Erfahrung. Und so ist es mit der Stille. Sie ist einem unangenehm, wenn man mit ihr nicht schon vertraut ist. Man muss ihr etwas länger ins *Gesicht* sehen, bis ihre heilende Gestalt und Wirkung erscheint, so wie es in den nachfolgenden Zeilen zum Ausdruck kommt.

Wenn du still geworden bist,
dann sagen dir manche Dinge mehr
als Zeitung und Fernsehen.

Wenn du still geworden bist,
dann sprechen Dinge zu dir,
auch wenn sie keinen Mund haben.

Wenn du still geworden bist,
dann hörst du tröstliche Botschaften,
die jenseits von Worten sind.

Wenn du still geworden bist,
dann bist du nicht einsam,
auch wenn du allein bist.

V. B.: Es ist schon bemerkenswert, dass ein Film über die Stille mehrfach auf Internationalen Filmfestivals ausgezeichnet wurde. Die Süddeutsche Zeitung schrieb dazu: »Dieser Film führt uns zurück zu uns selbst. Ein kleines Wunder.« Tatsächlich ist das Sich-Einlassen auf die Stille ein großes Wunder. Das Ansehen des Films ist eine wunderbare Übung, auf die Stille zu lauschen und durch sie sich selbst zu hören. Zwangsläufig geht man dabei durch manche Phase der Unruhe und des Ärgers, bis man wirklich auf einem tieferen Grund ankommt, so wie es ja auch der Mönch in der Geschichte beschreibt. Im monastischen Leben und klösterlichen Rhythmus findet man also scheinbar selbstverständlichen Zugang zu einer heilsameren Lebensbalance. Mir erscheint es so zu sein, dass uns die fehlende Stille in unserem Leben auf den fehlenden Rhythmus verweist. Wenn es nicht zwischendurch Haltepunkte gibt, in denen wir uns selbst sein lassen dürfen, wird immerwährende Aktivität unser Leben zwar füllen, aber nicht erfüllen.

D. B.: Das ist wohl wahr. Den Tag zu füllen ist noch keine Garantie dafür, einen erfüllten Tag zu haben.

V. B.: Ein großes Vorbild auf dem Weg in die Stille ist für mich seit langer Zeit übrigens Henri Nouwen, der Pastoraltheologie und christliche Spiritualität an den Universitäten

Yale und Harvard lehrte. Mitte der 1970er Jahre ging er für sieben Monate in ein Trappistenkloster. Während dieser Zeit schreibt er in seinem Tagebuch »Ich hörte auf die Stille« von Ermüdung, Kraftlosigkeit und Überforderung in seiner Arbeit und fragt danach, was ihn antreibt, immer mehr zu tun. Heute würden wir wohl schnell ein Burnout-Syndrom diagnostizieren. Dem möchte ich hier widerstehen, weil es letztlich von dem schlichten anthropologischen Bedürfnis nach Stille ablenkt. Die Stille führt zu inneren Räumen des Seins, die uns zeigen, dass eine Veränderung unseres Lebensstils ansteht. Aber wir haben uns gut eingerichtet in diesem Leben. Allerdings spüren wir schmerzhaft, dass es Sehnsüchte gibt, die nicht durch mehr Ansehen, Einkommen, Wohlstand zu befriedigen sind.

In der Stille kann also viel passieren, wenn wir einmal wagen, nichts zu machen. Die Stille führt uns zu Wendepunkten des Lebens und manchmal schreit der innere Raum nach Stille und nur eine laute Umgebung hilft uns noch, den Schrei nicht hören zu müssen. Gelassen werden wir dadurch nicht, eher aufgeregter, aufgewühlter und hilfloser.

M. H.: »In all den schrillen Taten ist nichts, das uns erlöst« (Werner Bergengruen). Dass Menschen ohne Unterlass aktiv sind oder sich ohne Unterbrechung akustischen Reizen aussetzen, hat einen Grund. Würden sie es nicht tun, fühlten sie sich nicht wohl. Eine intuitiv gespürte innere Leere und Einsamkeit, ein Gefühl von Frustration und Ärger führt zu dem Entschluss, dass etwas getan werden muss, damit sich das ändert. Das, was getan wird, ist oft das Naheliegende, das, was auch andere tun, das, was spontan Ablenkung verspricht, vor allem das, was sofort hilft. Taten und Geräusche eignen sich gut. Aber sie entstehen aus spontanen Reaktionen, sind blinde Reaktionen und nicht das Ergebnis einer guten Selbstbesinnung, aus der heraus umsichtig und klug gehandelt wird. Aus jener blinden Spontaneität heraus entstehen genau die »schrillen Taten«, die uns nicht erlösen, sondern das ursprüngliche Gefühl des Ungenügens nur überdecken.

Statt sich auf eine authentische Kommunikation einzulassen, werden ständig neue Fluchtversuche unternommen. Auf diese Weise gibt es keine Erkenntnisse und Lernprozesse. Man findet deshalb auch nichts, was zu einer wirklichen Stillung der inneren Leere und Frustration führen kann. In der Wiederholung oder Entdeckung immer neuer schriller Taten bleibt man infantil aktiv und in der Desorientierung. Auf Dauer bezahlt man mit einer vorzeitigen Erschöpfung der eigenen Substanz.

Wer dagegen der Stille begegnet, das oft anfängliche Unwohlsein der neuen Erfahrung durchlebt, der empfindet die Stille als eine wohltuende schützende Hülle. Nicht mehr abhängig von Außenreizen, beginnt sich die innere Seelenwelt zu sortieren. Als stiller Beobachter gestaltet man diesen Prozess mit, der ganz anders ist als das blinde Reagieren. Nun nimmt man achtsam und sensibel die eigenen Bedürfnisse wahr und findet dazu die passenden Antworten, die auch eine wirkliche Stillung des Gefühls des Ungenügens versprechen. Es wird immer mehr erspürt, was wichtig und was unwichtig ist, was nur den schnellen Hunger stillt oder wirklich nahrhaft ist. Aus solchen Erkenntnissen entstehen nicht schrille, sondern schlichte, kluge Taten, die auch das Bewusstsein von Gelassenheit mehren.

Fazit

Stille und Gelassenheit bedingen sich gegenseitig und man kann sagen, dass Stille eine wesentliche Voraussetzung für einen gelassenen Lebensstil ist. Erst wenn ein echtes Interesse an dieser leisen Dimension des Lebens – mitten in allem Lärm und Getöse der Welt – besteht, kann eine Verbindung zum tiefsten Selbst entstehen, aus der der Mensch Gelassenheit schöpfen kann, wie aus einem tiefen Brunnen, in den er schaut. Unsere Zeit ist angewiesen auf stille Impulse, um nicht in den »schrillen Taten« der Welt unterzugehen. Die Sehnsucht nach Gelassenheit kann durch die Stille gestillt werden, wenn man bereit ist, auch durch Phasen der Unruhe, Einsamkeit und Leere hindurchzugehen.

Der moderne Mensch braucht ein wenig Geduld und Ausdauer mit sich selbst, um sich die Stille vertraut zu machen. Jemand, der sich mit der Stille und damit eben auch mit sich selbst vertraut gemacht hat, geht seinen Weg gelassener und selbstbestimmter. Er wird unabhängiger von gesellschaftlichen Heiligtümern, die nur vordergründig Erlösung schaffen. Die Stille hingegen wird zu einer wohltuenden, schützenden Hülle, ja, zu einer guten Freundin, die man aufsucht, um Orientierung für einen reifer und gelassenen Umgang mit sich selbst und anderen zu bekommen.

Zum Nachlesen

Dürckheim, Karlfried Graf (1973): Vom doppelten Ursprung des Menschen. Freiburg: Herder.

Nouwen, Henri (1978): Ich hörte auf die Stille. Sieben Monate im Trappistenkloster. Freiburg: Herder.

Pot, Miek (2011): In der Stille hörst du dich selbst. Meine 12 Jahre in einem Schweigekloster. Köln: Bastei-Lübbe.

Weizsäcker, Carl Friedrich von (1992): Das Carl Friedrich von Weizsäcker Lesebuch. München: Deutscher Taschenbuch-Verlag.

Zum Weiterlesen

Brantschen, Niklaus (2004): Weg der Stille. Orientierung in einer lärmigen Welt. Freiburg: Herder.

Grün, Anselm; Altmann, Petra (2009): Klarheit, Ordnung, Stille. Was wir vom Leben im Kloster lernen können. München: Goldmann.

Hetmann, Frederik (1999): Stille. Freiburg: Herder.

Kornfield, Jack (2013): Erleuchtung finden in einer lauten Welt. München: Arkana.

Kapitel 7

Wie können wir Gelassenheit angesichts des Todes erlangen?

V. B.: Ich habe den Eindruck, dass wir uns auf die größte Herausforderung am Ende des Lebens zubewegen. Sich selbst zu lassen ist eine fast nicht mehr zu denkende Aufgabe. Gelassenheit und gelassenes Sein sind im Sterbeprozess nicht einfach abzurufen oder zu verordnen. Je mehr ich darüber nachdenke, desto mehr komme ich zu der Überzeugung, dass wir im Sterben nur dann die Chance auf Weite, Vertrauen und Hingabe an das Schicksal haben, wenn wir uns im Laufe unseres Lebens bereits mit dem gelassenen Sein vertraut gemacht haben. Ich versuche mir vorzustellen, wie es wäre, wenn ich eine unheilbare Diagnose mitgeteilt bekäme. Würde ich kämpfen, Chemotherapien über mich ergehen lassen, alternative Heilmethoden ausprobieren? Wenn ich ehrlich bin, kann ich es heute und hier nicht sagen. Sicher ist es ein Unterschied, ob ich mit 45 Jahren sterben sollte oder eben erst mit 85 Jahren. Aber ich kann mir überlegen, wie ich mit dem Sterben umgehen möchte, unabhängig davon, ob ich unheilbar krank werde oder ob ich hochaltrig und hoffentlich lebenssatt sterben darf.

D. B.: Darüber hinaus stellt sich die Frage, inwieweit der Widerstand gegenüber dem Tod nicht nur eine Frage des tatsächlichen Alters, sondern auch der persönlich erfahrenen Lebensfülle und -intensität ist.

V. B.: Das ist sicher eine ganz wesentliche Komponente. Ich kenne Momente in meinem Leben, in denen sich für mich alles stimmig anfühlt. Diese Momente gehen in der Regel nicht einher mit tollen Erfolgen oder besonderen Leistungen, sondern ich kenne Augenblicke, in denen ich das Leben spüre und sich mein Dasein in dieser Welt so stimmig anfühlt, dass ich mir vorstellen kann, auch zu gehen. Das nennt man Einklang. Diese kleinen Zeitpunkte, die ich immer mal wieder erlebe, seitdem ich mich mit der Endlichkeit des Lebens vertraut mache, sind für mich der Inbegriff eines ewigen Augenblicks, der von Gelassenheit getragen wird und durchdrungen ist. Vielleicht kann es ein Weg sein, diese kostbaren Momente bewusst wahrzunehmen, nicht festzuhalten, aber ganz leiblich spürbar zu bewahren, um auch am Ende des Lebens einen Zugang dazu zu haben.

D. B.: Ich denke, ich weiß, was du mit diesem Gefühl des Einklangs meinst, das einem in manchen Augenblicken zuteil wird. Ich erlebe das ganz ähnlich und bezeichne das gerne als einen bestimmten Geschmack des Lebens oder als eine gewisse Qualität des Erlebens. Das Leben fühlt sich in diesen Momenten anders an, doch scheint dieses Erleben über eine bloße Stimmung hinauszugehen. Auch beobachte ich, dass sich dieser besondere Geschmack nicht in jedem Umfeld gleich wahrscheinlich einstellt. Dagegen entsteht er manchmal ganz von selbst, etwa wenn ich mich von der Aussicht auf einem Berggipfel ergreifen lasse oder an der Küste stehend hinausschaue auf das weite Meer. Diese physische Weitsicht, so würde ich das beschreiben, wirkt dann auf mich wie eine Einladung zu innerer Weitung.

Es gibt also offenbar äußere Situationen, die sich lesen lassen wie Metaphern für eine innere Haltung. Und doch: Die Fähigkeit zu diesem Erleben ist ganz die meine – denn ich bin es selbst, der diese Haltung einnimmt; es passiert ja in mir, in meinem Bewusstsein, und nicht im Außen. Sicherlich kann die Umgebung den Anstoß zu einem geweiteten Erlebenszustand geben, doch ist der Mensch darin nie vollständig an äußere Gegebenheiten gebunden.

V. B.: Dennoch bleibt die Frage, wie sich dieses Gefühl des Einklangs bewahren lässt. Ist es möglich, auch in einer Haltung der inneren Weite am Sterbebett zu sein?

D. B.: In der Fachliteratur finden sich mitunter Ratschläge, mit welch rhetorisch-gedanklichen Strategien Menschen von der Ansicht abzubringen seien, der Tod stelle eine unausweichliche Bedrohung dar. Darunter zum Beispiel das bekannte Argument des griechischen Philosophen Epikurs, der sagte, der Tod bekümmere ihn schlicht deshalb nicht, da, wo Epikur sei, der Tod nicht sei, und wo der Tod sei, Epikur nicht sei. Das klingt zunächst überzeugend und logisch eingängig. Wenn wir uns aber fragen, wie Gelassenheit gegenüber dem Tod nicht nur verstandesmäßig begründbar, sondern unmittelbar spürbar werden kann, dann scheint es mir sehr naheliegend, dies auch über den Weg des Spürens erfahrbar zu machen.

M. H.: Die besonderen Momente, der Einklang, das sind Beschreibungen, die Phänomene des menschlichen Erlebens schildern. Diese Momente sind besonders, weil sie sich aus dem Alltagserleben herausheben. »Wie ein Silberstrom zieht sich durch die Zeiten die Kunde von Menschen, die irgendeinmal, wie vom Blitz getroffen, eine andere Wirklichkeit erfuhren, die sie mit einem Schlage aus der Not befreite oder als Einbruch einer Verheißung in eine andere Ebene rief«, schreibt der Psychotherapeut und Philosoph Karlfried Graf

Dürckheim, in dessen Schriften man viel von den besonderen Momenten des Lebens lesen kann.

Es gibt aber auch die weniger erschütternden Momente, in denen sich ganz sanft ein ganz besonderer Zustand der Wahrnehmung, des Erlebens und Fühlens einstellt. Nennen wir es schlicht verdichtete Erfahrungen, in denen etwas Wichtiges aufscheint. Von Mensch zu Mensch sehr verschieden und doch ähnlich.

V. B.: Woran kann ich diesen besonderen Zustand erkennen?

M. H.: In der Weise, dass Wichtiges von Unwichtigem unterschieden werden kann und dass Ängste relativ werden, weil in solchen Erfahrungen auch ein Bezug zum Urvertrauen hergestellt wird. Die Wertschätzung für das Leben wird intensiviert, ohne am Leben krampfhaft festhalten zu müssen. Menschen, die wissen, dass sie in absehbarer Zeit sterben müssen, zeigen uns, dass diese Erfahrungen Realität sind und gelebt werden. Eine Zeile aus einem Gedicht von Hermann Hesse beschreibt treffend, was die Wirkung solcher besonderen Erfahrungen sein kann: »Neu und sinnvoll wird die Welt verteilt.«

Wie schon erwähnt wurde, *machen* im Sinne von erzwingen oder kontrollieren kann man diese Erfahrungen nicht. Sie lassen sich auch nicht logisch aus einer Biografie ableiten. Sie fallen wie Sternschnuppen vom Himmel und können jeden treffen. Sich dafür sensibilisieren kann man aber schon.

V. B.: Kontrolle zu verlieren ist ja ein Gedanke, der an sich schon kaum auszuhalten ist. Was wollen wir nicht alles kontrollieren. Zugleich nehme ich wahr, dass es eine gute Übung ist, wenn wir, wenigstens zwischendurch mal, versuchen etwas Kontrolle abzugeben. Dazu habe ich ein Bild in mir: Wenn ich an den Morgennebel im Herbst denke, der über den Feldern und Äckern liegt, dann denke ich, dass es schön wäre, wenn Gelassenheit wie feine Nebelfäden alle Ritzen unseres Alltags durchziehen würde.

Für dieses Bild war ich aufnahmebereit, als ich eine neue Arbeitsstelle antrat, für die ich einige Jahre meines Lebens sehr viel investiert hatte und die ein echter Lebenstraum für mich war. Diese Neuorientierung war aber nicht nur angenehm, sondern ich erlebte durch eigenen, inneren hohen Anspruch einen immensen Druck. Gerade jetzt brauchte ich aber klare Gedanken und ein weites Herz: eben ein gelassenes Sein, aber manchmal wurde es immer enger in mir und ich musste mich erst einmal sortieren.

D. B.: Hast du denn etwas finden können, das dir in dieser Situation geholfen hat?

V. B.: In dieser Zeit konnte ich die beruhigende Wirkung der Natur und die eines liebenden Menschen ganz neu spüren. Ich durfte erleben, wie wichtig es ist, dem eigenen Schmerz und den Lebenswunden im Denken und Spüren auf den Grund zu gehen. Es tat mir gut, den inneren Druck leiblich zu spüren, darüber zu sprechen und auch zu weinen. Erst danach war ich wieder befreiter und konnte mich selbst in meiner Leistung, vor allem aber in meinem Sein stehen lassen. Ich konnte wieder gut zu mir sein und mich selbst auch lassen – gut sein lassen.

Gerne suche ich auch Kraft in guter Literatur. Ein Wort der »Ethik der Ehrfurcht vor dem Leben« von Albert Schweitzer hat mich zum Weiterdenken inspiriert: »Das Gefühl, das sich dem Denken entzieht, verfehlt seine Bestimmung. Das Denken, das meint, am Gefühl vorbeigehen zu können, kommt von dem Wege ab, der in die Tiefe führt. Wo das Gefühl in das Denken hinaufreicht und das

Denken in das Gefühl hinabreicht, ist unser ganzes Wesen an dem Gestalten der Überzeugungen, die wir in uns tragen, beteiligt.« Diese Art des Zusammenspiels von Erkenntnis und Erleben kann zu einem gelassenen Sein führen, das, wie feine Nebelfäden, sanft unsere ganze Persönlichkeit durchzieht. Ich stelle mir vor, dass wir gerade in den existenziellen Momenten unseres Lebens darauf angewiesen sind. Und vielleicht sind es diese alltäglichen, schmerzhaften Lebensstationen, die uns bei der letzten Station hilfreich sein können und einen Zugang zum gelasseneren Sein eröffnen.

D. B.: Wenn wir auch schmerzhaften Lebensstationen mit Kopf und Herz begegnen können, dann sind wir – so würde ich behaupten – in unserem Erleben ganz bei uns selbst, dann sind wir ganz authentisch. Das gilt für Alltäglichkeiten ebenso wie für jene Momente, in denen wir ohne Fangnetz über dem gefühlten Abgrund balancieren. Der spirituelle Lehrer A. H. Almaas gibt für unliebsame Konfrontationen eine Empfehlung, die zunächst unerwartet klingt. Er spricht von einer unbedingten Liebe zur Wahrheit, wie auch immer sich diese Wahrheit gerade anfühlen mag. Wer nach diesem Prinzip zu leben versucht, dem wird die Wahrheit wichtiger werden als das Erreichen eines bestimmten Zieles. Wer sich mit der Wahrheit anzufreunden lernt, wer der Liebe zur Wahrheit Vorrang vor allem anderen einräumt, der umarmt die Welt

Das hört sich recht abstrakt an. Doch kann dies jeden Tag konkret werden und lässt sich selbst im Allerkleinsten üben. Ich denke etwa an Konflikte in der Partnerschaft. Die Wahrheit zu lieben, kann dann bedeuten, dass ich feinfühlig werde für meine Gefühle wie auch für die Gefühle des anderen, dass ich meinen Gedanken genügend Raum gebe wie auch denen des anderen. Eine wahrhaftige Begegnung wird nicht umhinkommen, auch schmerzhafte Kritik zuzulassen.

Allzu gerne, und meist automatisch, weichen wir wahrhaftigen Begegnungen aus, schonen uns und andere reflexhaft vor der Möglichkeit unliebsamer Erkenntnisse. Vielleicht mit der Sehnsucht, sich ein Stück weit lebenswertere und erträglichere Realität zu schaffen. Das ist nur verständlich und kann wohl kaum verurteilt werden.

Doch ist mit der unbedingten Liebe zur Wahrheit eine Haltung gemeint, die über die Begrenzungen unseres Lebens weit hinausreicht. Und nichts weniger braucht es, um sich auch mit dem eigenen Tod vor Augen noch Gelassenheit bewahren zu können. Mit wachsender Liebe zur Wahrheit wächst, so glaube ich, die Unabhängigkeit von Licht und Schatten mit. Das Leben wird dann seinen höchsten Wert gerade in seiner Polarität, in seinem ganzen Kontrast und in seiner ganzen Vielfalt erfahren.

V. B.: Das ist ein hoher Lebensanspruch, den du formulierst. Um die Liebe zur Wahrheit auch in schmerzvollen Situationen aufrechtzuerhalten, sind wir aus meiner Sicht auf Vertrauen angewiesen. Im Sterben sind wir wohl aufgefordert, die Macht der Kontrolle immer mehr aufzugeben. Am Ende des Lebens wird eine Qualität von Vertrauen bedeutsam, die mit zutrauen, glauben und sich auf etwas verlassen können einhergeht. Dies ist sicher kein Prozess ohne Umwege und Irrwege. Vielmehr werden wir immer wieder das Ringen zwischen Angst und Vertrauen, Hoffnung und Verzweiflung erleben. Wie sehr kann ich mir selbst vertrauen? Fühle ich mich in mir sicher und geborgen? Selbstvertrauen wurzelt im gesunden Urvertrauen. Wenn ich in meinem Leben die Erfahrung machen durfte, dass ich mich grundlegend geborgen fühlte, dann kann es eine Ressource sein, die mir auch in schwierigsten, inneren Nöten zur Verfügung steht. Aber unsere Bedürftigkeit erscheint mir noch umfassender.

M. H.: Wie meinst du das?

V. B.: Wir brauchen Mitmenschen, denen wir uns anvertrauen können, die die Tiefen unserer Ängste mit liebevollen Umarmungen besänftigen, damit der Abgrund nicht zu steil erscheint. Und auch diese Lebenskreise sind zu erweitern. Am Ende des Lebens bieten Sinnerfüllung und Gottvertrauen die lebensnotwendigen Brückenpfeiler über dem gefühlten Abgrund. Korrespondierend zu Almaas denke ich an den Pastoraltheologen und Psychologen Henri Nouwen, der das vertrauensvolle Gelassensein mit folgendem Bild umschrieb: »Ich bin immer wieder bewegt von dem Mut der Zirkusartisten. In jeder Vorstellung vertrauen sie wieder neu darauf, dass ihr Flug im sicheren Griff eines Partners endet. Sie wissen auch, dass sie nur fliegen können, wenn sie das Trapez loslassen. Bevor sie aufgefangen werden können, müssen sie loslassen. Sie müssen der Leere des Raumes ins Gesicht sehen.« Auch in diesem Bild begegnen wir der ungeteilten Liebe zur Wirklichkeit, die ja gerade dadurch ihren Schrecken verliert, dass Menschen sich auf das Wagnis des Loslassens einlassen. Erst dadurch wird die Erfahrung des Ergriffenwerdens möglich.

Fazit

Menschen brauchen das Gefühl, dass das Leben kontrollierbar ist. In Wahrheit kann das aber nur für bestimmte Bereiche des Lebens gelten. Auf das Ganze gesehen ist Kontrolle nicht möglich. Da, wo es nicht kontrollierbar im Sinne von berechenbar ist, braucht es Vertrauen. Wer sich darin einübt – was eine Lebensaufgabe ist –, kann vielleicht den letzten Dingen und auch seinem Sterben offen begegnen. Dann scheint in aller Unsicherheit und inmitten von Ängsten immer wieder etwas auf, das beruhigt. Dabei geht es um ganzheitliche

Erfahrungen, die man im Laufe des Lebens sammeln kann und die als Referenzpunkte für Vertrauen und Gelassenheit ihre Wirkung haben. Es sind all jene Momente, in denen wir uns mit Körper, Seele und Geist in dieser Welt stimmig gefühlt haben. Es sind kostbare Momente des Erlebens von Einklang. In mitmenschlichen Begegnungen machen wir die kostbarsten und wirksamsten Vertrauenserfahrungen. Aber auch das Spüren der Natur, zum Beispiel in seinem kräftigen Ausdruck von Grün, lässt uns erspüren, dass wir letztlich vertrauen dürfen, ohne wissen zu können. In diesem Vertrauen und mit dem Blick der Liebe sollen und können wir der Wahrheit des Lebens begegnen, das heißt dem Leben, so wie es sich zeigt, so wie es ist: leidvoll und freudvoll.

Zum Nachlesen

Almaas, A. H. (2010): In die Tiefe des Seins. Realisieren Sie Ihre wahre Natur durch die Praxis der Präsenz. Bielefeld: Kamphausen.

Dürckheim, Karlfried (1973): Vom doppelten Ursprung des Menschen. Als Verheißung, Erfahrung, Auftrag. Freiburg: Herder.

Nouwen, Henri (1978): Ich hörte auf die Stille. Sieben Monate im Trappistenkloster. Freiburg: Herder.

Schmid, Wilhelm (2007): Mit sich selbst befreundet sein. Von der Lebenskunst im Umgang mit sich selbst. Frankfurt a. M.: Suhrkamp.

Schweitzer, Albert (1990): Kultur und Ethik. München: C. H. Beck.

Zum Weiterlesen

Drewermann, Eugen (2008): An den Grenzen der Medizin: Märchen von Heilung und Hoffnung. Patmos. Mannheim: Patmos.

Yalom, Irvin D. (2010): In die Sonne schauen: Wie man die Angst vor dem Tod überwindet. München: btb.

Kapitel 8

Was trägt uns noch, wenn so viel gelassen wird?

D. B.: Die Frage lässt fast erwarten, dass die Antwort berühren muss, was wir Spiritualität oder Religiosität nennen. Beinahe ist man geneigt vorwegzunehmen: »einfach loslassen, mehr ist es nicht«. Und doch ist vieles so wenig selbstverständlich und diffus. Ich möchte damit beginnen, etwas Klarheit in ein verwobenes Begriffspaar zu bringen. Es geht um die Unterscheidung zwischen Spiritualität und Religiosität, verbunden mit der Frage, was davon in welcher Weise tragfähig sein könnte.

Eine Kurzdefinition für Spiritualität findet sich bei dem Benediktiner und Zen-Meister Willigis Jäger: »Unter Spiritualität, Mystik oder Esoterik fallen alle religiösen Wege, die Menschen in die Erfahrung des Numinosen führen.« Zu beachten ist, dass unter dem Begriff der Esoterik auch die Praktiken und Trends der New-Age-Bewegung verstanden werden. In unserem Zusammenhang wird die Esoterik anders gefasst und dient als Gegenbegriff zur sogenannten Exoterik, unter der man ein äußeres Annehmen von Wahrheiten versteht.

V. B.: Spiritualität oder Esoterik hat also mit persönlicher Erfahrung zu tun, während man von Exoterik sprechen kann, wenn sich Menschen gemeinschaftlich zu gewissen

Glaubensinhalten und Riten des Christentums, des Islams oder des Buddhismus bekennen.

D. B.: Genau. Und damit ist die Exoterik vor allem ein Wesensmerkmal von Religionen. Wichtig ist zu sehen, dass eine spirituelle Erfahrung zunächst nicht zwingend angewiesen ist auf äußerlich geteilte Einsichten, Glaubenssysteme, Riten und Regeln. Spiritualität kann exoterische Seiten beinhalten, sie muss es aber nicht. In einem gewissen Sinn ist Spiritualität daher grundlegender als Religiosität. »Um spirituell zu sein, bedarf es keiner Religion – und religiös zu sein, bedarf es einer Spiritualität«, so hat es ein unbekannter Verfasser einmal zugespitzt.

Was Spiritualität meint, ist letztlich eine bestimmte Haltung, mit dem »Numinosen« auf Tuchfühlung zu gehen und aus dieser Erfahrung Gelassenheit zu schöpfen. Für westlich geprägte Menschen mag sich das schon sehr befremdlich anhören, wenn nicht gar lebensfern. Doch zieht sich diese Haltung seit Jahrtausenden durch die Weltreligionen. Sie wird in deren esoterischen Traditionen rituell eingeübt – im Versuch, das Numinose erfahrbar zu machen. Geläufig ist uns das aus den verschiedenen hinduistischen und buddhistischen Schulen, etwa wenn wir Yoga oder Zazen praktizieren. Aber auch in den abrahamitischen Religionen findet sich dieser Ansatz: die Kontemplation in der christlichen Mystik, der Sufismus des Islam oder die Kabbala als eine der mystischen Traditionen des Judentums. Eine gemeinschaftliche Einübung in Gelassenheit ist also seit jeher Teil der menschlichen Kultur. Diese Praxis lässt sich durchaus als Kern dessen ansehen, was Leibniz als »Philosophia perennis«, als die ewige Philosophie, bezeichnet hat.

Dennoch: Auch die exoterischen Seiten der Spiritualität, insbesondere der Glaube, können tragen. Gerade in der

Sterbesituation sollte der Glaube nicht unterschätzt werden –
als Form eines Lebensvertrauens, das auf Plausibilität, auf
Glaubwürdigkeit gründet.

V. B.: Als Christin ist es für mich gar nicht so einfach, die
Begriffe Spiritualität, Mystik und Esoterik nebeneinander zu
lesen. Ich bin dir dankbar, dass du diese Begriffe von den
diffusen Praktiken verschiedener Bewegungen abgrenzt, die
eher einen seltsam anmutenden religiösen Markt errichten
und dabei eher den Konsum ihrer Kunden in den Blick
nehmen, aber nicht die Innerlichkeit des Menschen. Häufig
haben wir es hier mit Ratgebern zu tun, die wenig fundiert
sind und die eine wahrhaftige Auseinandersetzung mit dem
persönlichen Wesenskern hemmen und verhindern und
nicht selten zu schweren existenziellen Nöten führen.

Ich möchte zunächst auf den Begriff der christlichen
Spiritualität etwas genauer eingehen. Das Lexikon für Religion in Geschichte und Gegenwart verweist darauf, dass
es eine allgemeine oder auch nur mehrheitlich anerkannte
Definition von Spiritualität nicht gibt. Das ist nicht gerade
tröstlich. Vom Ursprung und Inhalt geht der Begriff auf das
neutestamentliche Wort *pneumatikos* zurück, das im Latei-
nischen als *spiritualis* wiedergegeben wird. Grundlegend
bedeutet es zunächst eine geistliche Lebensform, die Atem
schenkt. Erst seit 1950 findet sich der Begriff in unserem
deutschen Wortschatz. Die Eingemeindung erfolgte über
die angelsächsische und die romanische Linie. Etwa ab 1870
ist im angelsächsischen Sprachraum der Begriff *spirituality*
nachweisbar. Dieser Begriff verweist auf die unmittelbare,
persönliche Erfahrung von Transzendenz und ist nicht an
eine Religion oder Kultur gebunden. Dagegen hat die katho-
lische Ordenstheologie in Frankreich um 1900 *spiritualité*
als Lehre vom religiös-geistlichen Leben geprägt und the-

matisiert damit die persönliche Glaubensbeziehung des Menschen zu Gott.

Aus meiner Sicht wird im Begriff der Spiritualität sowohl alltägliche Praxis als auch innerliche Haltung deutlich. Äußere Formen wie Lesen und Studieren von biblischen, theologischen und religiösen Texten gehören hier eben so her wie religiöse Praktiken in Form von Meditation, Kontemplation und Gebet.

D. B.: Auch dein Spiritualitätsverständnis umfasst also innere und äußere Erfahrungsqualitäten.

V. B.: Ja, und vielleicht kann man diese Erfahrungsqualitäten am Beispiel des Körpers verdeutlichen. So wie ich einen Körper habe, bin ich auch gleichzeitig mein Leib. Meinen Körper kann ich objektiv wahrnehmen, meine Finger zählen, meine Größe messen. Meine leibliche Dimension ist subjektiv. Freude, Angst, Wut oder Schmerzen sind nicht ohne Weiteres äußerlich messbar. Hierbei handelt sich um Empfindungen, die das Dasein in unterschiedlicher Intensität erfüllt. So erscheint es mir auch mit der Spiritualität, die eine innere Haltung ist, die mit Aufmerksamkeit und Konzentration gebildet werden will und die zugleich auf äußere Impulse durch Schrift und Begegnung angewiesen ist, weil sich sonst das Selbst erschöpfen würde. Das Selbst ist, anthropologisch gesprochen, Innen und Außen, Leib und Körper, Natur und Kultur.

Die beiden Kulturwissenschaftler und Palliative-Care-Experten Andreas und Birgit Heller definieren Spiritualität als eine »Erfahrungs- und Bewusstseinsebene, die sich nicht in der materiell verfassten Welt erschöpft, sondern ihr zugrunde liegt und über sie hinauswächst. Spirituelle Begegnung erwächst aus wechselseitigem Vertrauen und

Nähe.« Diese Definition erscheint mir besonders für unseren Gesprächszusammenhang wertvoll. Jede und jeder ist sicher herausgefordert, eine persönliche, spirituelle Haltung zu entwickeln. Zugleich sind wir auch soziale Wesen und suchen menschliche Nähe vom Anfang bis zum Ende unseres Lebens und entwickeln somit auch gemeinschaftliche Formen von spirituellem Dasein.

D. B.: Spiritualität beschränkt sich also nicht nur auf transzendentale Erfahrungen, das heißt auf solche Erfahrungen, die unser Alltagserleben übersteigen. Sie kommt auch in ganz weltlichen Erfahrungen zum Ausdruck, etwa in der Begegnung zweier Menschen. Ich selbst habe mich inzwischen mit einem ziemlich weiten Begriff für Spiritualität angefreundet. Ich definiere diese gern als Erleben und Handeln unter Bezugnahme auf etwas, das Menschen für sich als letztgültig setzen. Bildlich gesprochen: Spiritualität heißt, dass ein Mensch seinen Anker auswirft nach dem irgend Verlässlichsten, das er in diesem Moment zu fassen bekommt – auf seiner Suche nach Halt, Bezug und Orientierung. Dann aber muss man sich fragen, wie es denn im Sinne einer lebendigen Spiritualität angemessen sein könnte, starre Glaubenssätze als absolut zu setzen, zumal in schwerer Krankheit und am Lebensende. Wie viel Halt kann etwas, an das man glaubt, überhaupt geben?

Mir scheint es an dieser Stelle wichtig zu sehen, dass Glaube nicht gleich Glaube ist. Glaube kann der Gelassenheit des sterbenden Menschen durchaus im Weg stehen. Glaube kann kurzsichtig machen, kann Bewusstsein eingrenzen. Ich denke an Patienten, die ihr Leiden buchstäblich als Vergeltung Gottes für ein sündhaftes Leben interpretieren. Und ich denke an »Rechtgläubige« im Kampf gegen Andersgläubige. Mit gutem Grund hat ein solcher

Glaube seit der Aufklärung einen schweren Stand. Glaube kann entfremden.

Glaube kann Menschen aber auch öffnen hin zu Ganzheit und Gelassenheit. Er kann an die Stelle eines Lebensvertrauens treten, das sich durch das eigene Leben vielleicht nie würde begründen lassen. Über den Weg des Für-wahr-Haltens kann er Orientierung geben, wo Erfahrungen fehlen, und so die Welt vollständig zeichnen – durch das best denkbare Bild. Der Theologe Eugen Drewermann schreibt: »Die wirkliche Schwierigkeit angesichts des Lebens besteht darin, die Angst vor dem Unplanbaren durch Vertrauen in eine andere Macht, die nicht wir sind, zu überwinden.« Warum nicht auf der Grundlage des Glaubens, wenn man ihn als eine kristalline Spielart des Vertrauens denkt? Wirkt Glaube auf eine solche Weise, dann würde ich ihn als einen *authentischen Glauben* bezeichnen.

V. B.: In der Begleitung Sterbender habe ich das Phänomen, das du beschreibst, häufiger erlebt. Ob der Glaube am Ende des Lebens trägt und uns ins Vertrauen führt, ist zu einem großen Teil davon abhängig, welche Gottes- und Glaubensbilder wir in uns tragen, wie wir aufgewachsen sind und was wir für uns weiterentwickelt haben. Besonders Menschen, die eher mit dem Bild eines richtenden und strafenden Gottes aufgewachsen sind und diese Moralvorstellung im Laufe ihres Lebens nicht reflektiert haben oder verändern konnten, sind am Lebensende viel häufiger Ängsten, Schuld und Zweifeln ausgesetzt, als Menschen, die eher die Überzeugung in sich tragen, dass sie von guten Mächten geborgen sind und sie letztlich in eine liebende Dimension eintreten werden. Sehnsucht nach Wahrheit und Wahrhaftigkeit sind dabei natürlich wesentliche Dimensionen, die in Begegnungen und Gesprächen Raum bekommen sollten.

Wir kennen aus der Hospizarbeit neben dem körperlichen und dem psychosozialen Schmerz auch den seelischen Schmerz und hier hat sich eine wichtige Form der
Sorge entwickelt, die wir mit »spiritual care« definieren
und die sowohl die Sorge um die eigene Seele als auch die
Sorge für die Seele des anderen im Blick hat. Vor einiger
Zeit las ich die Aussage, dass wir auf den Palliativstationen
nicht nur einen Raum der Stille brauchen, sondern auch
einen Raum des Schreiens. Spiritual care kann einen Reso-
nanzraum schaffen, in dem Menschen ihre innersten Nöte,
Verzweiflungen und Trostlosigkeiten ausdrücken können.
Alles sein lassen, alles geschehen lassen, wie schwer es auch
sein mag, mit auszuhalten, um dann wieder ein klein wenig
befreiter zu werden.

M. H.: Spiritualität ist ein vielschichtiges Phänomen. Der
Theologe Gisbert Greshake schreibt dazu: Spiritualität
»bezeichnet vor aller begrifflichen Klärung die gelebte
Grundhaltung der Hingabe des Menschen an Gott und seine
Sache. Deshalb ist Spiritualität eine so vielschichtige Größe
wie das Leben selbst und wie die Vielgestaltigkeit möglicher
Beziehungen zu Gott.« In Gott findet der Mensch seine
eigentliche Identität und Ruhe (Augustinus) und in Gott
offenbart sich, was wir als letztgültige Wahrheit verstehen,
die Liebe. Alles menschliche Erkennen ist die *Annäherung*
an die Ruhe in Gott und an die Erkenntnis der Liebe. Weil
Gott dem Menschen gegenüber der Umfassendere, Größere, ganz Andere und letztlich Verborgene ist, bleibt alle
menschliche Erkenntnis nur ein menschliches Zugehen auf
Gott. Und dieses Zugehen auf Gott ist so vielfältig und individuell wie die Menschen untereinander sind. In den Religionen verbinden sie sich, indem sie Erkenntnisse zusam-
mentragen und gemeinsame Formen finden: Riten, Gebete,

Symbole. Aber auch in diesem gemeinsamen Tun bleiben Menschen unterschiedlich und individuell.

V. B.: Was ist dir noch wichtig, wenn du an Spiritualität denkst?

M. H.: Ergänzend zu dem ersten Zitat, halte ich den Hinweis des Benediktinerpaters Anselm Grün für wichtig, der den Mönchsschriftsteller Evagrius Ponticus aus dem 4. Jahrhundert zitiert: »Willst du Gott erkennen, lerne vorher dich selber kennen.« Die Gotteserkenntnis hat einen Bezug zur Selbsterkenntnis. Spiritualität ist gelebte Beziehung, die gleichzeitig Persönlichkeitsbildung ist. Es ist ein Weg der Einübung in die Offenheit für Erfahrungen. Man kann selbst viel dafür tun, aber auch viel unterlassen und verpassen.

Fazit

Eine Differenzierung zwischen Religion, Spiritualität und Glaube ist angesichts der Pluralität von Lebensstilen notwendig und sinnvoll. Zugleich müssen wir akzeptieren, dass es keine einheitliche Definition für geistliches Leben gibt. Eine Annäherung an diese Begriffe ist immer mit einer Suchbewegung verbunden und erfordert in aufgeklärten Gesellschaftsformen den Mut, sich des eigenen Verstandes zu bedienen – »sapere aude«, wie Immanuel Kant formulierte.

In unserer Gesprächssequenz ist deutlich geworden, dass wir alle eine Verbindung zwischen Selbsterkenntnis, weltlichen Erfahrungen und Transzendenzerfahrung sehen. Die inneren und äußeren Erfahrungswege sind biografisch geprägt und lebensweltorientiert. Zugleich brauchen wir, ergänzend zu individuellen Wegen, gemeinschaftliche Riteale, Praktiken und Symbole, weil wir als soziale Wesen auf Beziehung und Begegnung angewiesen sind. Der Glaube darf aber nicht starr sein, dann ist er hinderlich. Die Sehnsucht nach Wahrheit ist immer eine Aufgabe der Mitmenschlichkeit. In der Begleitung Sterbender durften wir erfahren, wie wohltuend, heilsam und existenziell bedeutsam es ist, dass Menschen einen Zugang zu dem finden, was sie trägt und hält. Unsere spirituelle Aufgabe ist es dann – bis zum letzten Atemzug –, dem anderen seinen Atemraum im Geist der Freiheit zu lassen.

Zum Nachlesen

Grün, Anselm (2006): Ein ganzer Mensch sein. Die Kraft eines reifen Glaubens. Freiburg: Herder.

Heller, Andreas; Heller, Birgit (Hrsg.) (2009): Jahresheft Spiritualität und Spiritual Care. Hannover: Vincentz.

Jäger, Willigis (2002): Suche nach der Wahrheit. Wege – Hoffnungen – Lösungen. Petersberg: Via Nova.

Köpf, Ulrich (2004): Art. Spiritualität. In: Religion in Geschichte und Gegenwart. Handwörterbuch für Theologie und Religionswissenschaft. Tübingen: Mohr Siebeck.

Schütz, Christian (Hrsg.) (1992): Praktisches Lexikon der Spiritualität. Freiburg: Herder.

Zum Weiterlesen

Seitlinger, Michael (Hrsg.) (2007): Was heilt uns? (3. Auflage). Freiburg: Herder.

Wilber, Ken (1993): Der glaubende Mensch. Die Suche nach Transzendenz. München: Goldmann.

Kapitel 9

Wie können wir Gelassenheit schon im Alltag einüben?

D. B.: »Gelassenheit ist Einsicht in Vergänglichkeit«, pointierte der Philosoph Andreas Tenzer. Man steht einer Sache gelassener gegenüber, so legt es der Aphorismus nahe, wenn man einsieht, dass sie nicht für immer Bestand hat. Sicherlich entschärft sich manche Bedrohung, wenn man sich klar macht: Es wird schon vorübergehen. Vor dem Hintergrund unserer eigenen Vergänglichkeit klingt das weit weniger überzeugend. Wenn vergänglich sein soll, was wir doch als »ich« bezeichnen, dann verbinden das die meisten Menschen wohl eher mit Verunsicherung oder Traurigkeit. Dazu kommt – wir sprachen bereits darüber –, dass die eigene Vergänglichkeit unser Vorstellungsvermögen übersteigt. Gerade noch begreifbar mag vielleicht der Tod der anderen sein. Der eigene Tod dagegen ist paradox, denn er betrifft uns als Subjekt. Er betrifft uns, die wir zu begreifen suchen, dass kein Begreifen mehr möglich ist.

Allerdings glaube ich, dass uns dieser große innere Abschied gar nicht so fremd ist, wie es auf den ersten Blick scheint. Im Grunde sterben wir täglich kleine Tode. Mit jedem Augenblick verabschiedet sich unser gegenwärtiges Ich unwiederbringlich. Kein Moment wiederholt sich jemals. Selbst der allmorgendliche Gang, vielleicht zum Briefkasten oder zur Bahnstation, wird nie derselbe sein. Durch die unzähligen kleineren und größeren Abschiede im Laufe unseres Lebens wissen wir also durchaus, was es heißt, sich verabschieden zu müssen – auch von Liebgewonnenen. Und nicht selten fühlt sich das an, als verabschiede sich ein Teil unserer selbst.

Wenn wir schon in dieses alltägliche Loslassen bewusst hineinspüren, dann eröffnet sich eine Chance, auch mit diesem Teil des Lebens umgehen zu lernen. Das soll nicht heißen, dass wir uns nach einer gescheiterten langjährigen Beziehung ununterbrochen dem Schmerz zuwenden sollten. Aber vielleicht entscheidet auch hier – wie so oft – das richtige Maß über den Lernerfolg.

M. H.: Vergänglichkeitserfahrung ist ein sehr persönliches Geschehen. Im Gespräch mit einem Bestatter, der seinen Beruf schon seit vielen Jahren ausübt, erfuhr ich, dass er einige Monate sehr krank war. Von einem Auslandsaufenthalt zurückkehrend arbeitete seine Leber plötzlich nicht mehr richtig und man hatte große Sorge um ihn. Doch langsam gesundete er wieder. Er sagte: »Ich habe eine Erfahrung gemacht. Mir ist plötzlich zu Bewusstsein gekommen, dass auch *ich* sterben kann.« Das klingt verwunderlich, weil er als Bestatter doch täglich mit dem Tod zu tun hat. Dies gibt uns aber auch einen wichtigen Hinweis. Die Einsicht in die Vergänglichkeit geschieht auf verschiedenen Erkenntnisebenen. Wir können nicht jeden Tag alles so nah an uns heranlassen, dass es uns an persönlichster Stelle trifft. Soviel intensive Berührung würde die Psyche aus dem Gleichgewicht bringen und den Alltag beschwerlich machen. Nur manchmal dringt eine Erfahrung ganz tief in uns ein. Die Berührung ist gewaltig, kann erschüttern und wachrütteln. Auf jeden Fall verlangt es nun irgendwie zwingend nach Antwort und Stellungnahme.

Der Bestatter berichtete weiter, dass er während des Krankheitsgeschehens die Erfahrung machte, einerseits um jeden Preis am Leben bleiben zu wollen, andererseits aber auch eine solche Ruhe und Gelassenheit in sich verspürte, dass er, wenn er denn sterben müsse, auch zustimmen könne. Er sann dann darüber nach, ob er noch jemandem etwas schuldig geblieben sei oder ob noch Ungesagtes im Raum stehe. Seine Bilanz fiel insgesamt positiv aus, außer, dass er noch bei jemandem 20 Euro Schulden hatte, die er später tatsächlich beglich. Die Eindrücklichkeit der Erfahrung vermittelte ihm die Erkenntnis, dass das Leben, insbesondere auch sein Leben, wirklich vergänglich ist. Er wusste es jetzt nicht nur, sondern fühlte mit allen Sinnen. Nun betrachtet er sein Leben unter anderen Gesichtspunkten, nämlich, dass er sich an jedem einzelnen Tag erfreut und ihn genießen kann. Achtsamer geht er mit dem Leben, mit sich und anderen Menschen um. Vieles ist gar nicht mehr der Aufregung wert. Gelassen lässt er eine Mücke eine Mücke sein und macht sie nicht zum Elefanten.

Seine Erfahrung verdeutlicht, dass Wissen im Sinne von zur Kenntnis nehmen und Wissen im Sinne von berührender Erfahrung eben zwei verschiedene Ebenen von Wissen sind. Um die Dinge aus anderer Perspektive, zum Beispiel der der Gelassenheit zu sehen, bedarf es manchmal ausdrücklich einer solch tief berührenden Erfahrung.

V. B.: Eure Gedanken erinnern mich an die Haltung der Abschiedlichkeit, mit der ich verbinde, dass wir bewusst und achtsam wahrnehmen, dass wir endlich sind. Vergänglichkeit und Endlichkeit sind nicht erst im Sterbeprozess wahrnehmbar. Der Alltag bietet uns viele Möglichkeiten, etwas zu beenden, uns zu verabschieden, alte Rollenmuster zu beerdigen. Die Frage ist für mich immer: Wie viel

Raum geben wir diesen Momenten und Situationen? In einer Gesellschaft, in der die Zeit rast und die sich dem Fortschritt verschrieben hat, ist es gar nicht leicht, dem Ende eine angemessene Würdigung zu verleihen.

Im Rahmen eines Referates über Organspende hörte ich, dass es ein wichtiger Prozess im Rahmen der psychosozialen Begleitung von transplantierten Menschen ist, dass sie sich von ihrem eigenen Organ, das ihnen viele Jahre gute Dienste erwiesen hat, verabschieden. Vielleicht klingt das etwas befremdlich, aber für die Annahme des Neuen, das mit Freude, Hoffnung und Erwartung verbunden ist, gehört eine angemessene und dankbare Verabschiedung des Alten.

Nun müssen wir uns glücklicherweise nicht alle von einem Organ verabschieden. Das ist schon eine besondere Aufgabe, aber es klingt hier eine lebensspendende Haltung an, die uns auch im Alltag gut tut. Im Ethos der Abschiedlichkeit kann ich mir immer mal wieder bewusst werden, dass alles seine Zeit hat. Mir scheint der Abschied deshalb bedeutsam, weil wir dann mit innerer Beruhigung etwas abgeschlossen haben, was sich nicht täglich neu im Gedächtnis meldet.

D. B.: Wenn man es so möchte, geht es im Leben um nichts anderes als um Begegnung und Abschied. Das wird nirgends klarer als in der Auseinandersetzung mit dem Tod. Denn das Sterben ist wie ein Brennglas des Lebens; und mithin ein Brennglas der Begegnungen und Abschiede. Es setzt alles Gewesene hart der Sinnfrage aus. Doch: Der Sterbeprozess beginnt eben nicht erst auf der Palliativstation. Im Grunde beginnt der letzte große Abschied schon mit dem Begreifen der eigenen Sterblichkeit. Mit diesem Begreifen aber beginnt auch ein Leben in größerer Klarheit und Transparenz. Und die eigene Sterblichkeit muss bei all ihrer Absurdität auch

keinen Sinnverlust bedeuten. Eine Haltung der Abschiedlichkeit ist gerade keine Haltung der Resignation. Im Gegenteil: Sie ist vielmehr eine Haltung der täglichen Sinnfindung.

Ich stand einmal wenige Wochen vor einem privaten
Wohnungswechsel. Anlass zur Verwunderung gab mir mein
eigenes Verhalten in einem Einrichtungshaus, in das ich in
dieser Zeit eher zufällig kam. Obwohl der Umzug beschlos-
sene Sache war, verließ ich das Geschäft mit gefülltem Ein-
kaufswagen und hatte an diesem Tag noch alle Freude daran,
meiner ausgedienten Wohnung den letzten Feinschliff zu
verleihen. Sinn in etwas sehen, im Bewusstsein, dass es zeit-
lich doch so absehbar begrenzt ist, dachte ich mir damals,
ist also nichts grundsätzlich Unmögliches. Im Gegenteil: Es
ist eher die Regel als die Ausnahme. Vor allem aber fiel mir
auf, dass der Sinn ganz ohne Suche kam, er war einfach da.
Sinn braucht keine Beständigkeiten. Er braucht weder Festhalten noch Abstoßen. Sinnfindung braucht nicht mehr als
die bewusste Lebendigkeit des Augenblicks, ein Sich-selbst-
Lassen in den Moment hinein.

Ein Freund und erfahrener Sterbebegleiter drückte mir
einmal einen Stein in die Hand und bat mich, diesen loszulassen. Ich drehte meine Hand und ließ den Stein heraus-
fallen. Er schmunzelte: Jetzt bist du den Stein losgeworden.
Hättest du ihn nicht viel mehr losgelassen, wenn du ihn mit
geöffneten Fingern in deiner Handfläche gehalten hättest?

M. H.: Mir gefällt der Satz »Eine Haltung der Abschiedlichkeit ist gerade keine Haltung der Resignation« sehr gut in
Verbindung mit dem Satz: »Sie ist vielmehr eine Haltung der
täglichen Sinnfindung«. Die Erfahrung, dass es zum Leben
dazugehört, auch Wichtiges loszulassen, mit der dazugehö-
rigen Erfahrung, dass man immer wieder auch Wichtiges
findet, ist eine krisenstabilisierende Erfahrung. Leben ist

Veränderung. Wer sich darauf nicht einlassen kann, hat es schwer. Leichter hat es, wer mit dem, oft schmerzlichen, Loslassen von Gewohntem die Zuversicht des Findens von etwas Neuem verbindet. Viel schneller stellen sich der Mut und die Kraft zum Weitermachen und Suchen ein. Einen neuen Sinn finden wir im Bewusstwerden und Wertschätzen von bisher Unbeachtetem.

Martin Kämpchen hat in seinem lesenswerten Büchlein »Einfach tun. 44 Schritte zur Lebenskunst« eine schöne Übung benannt. Er schreibt: »Es tut Not, sich täglich neu zu vergewissern, dass die Schöpfung ist: Die Sonne geht auf, die Wolken ziehen am Himmel vorbei, der Fluss fließt in die Richtung des Meeres, der Baum steht fest in der Erde verwurzelt, der Wind bewegt die Blätter, die Menschen spazieren auf dem Bürgersteig – die Schöpfung ist! Und wir sind inmitten der Schöpfung. Wir atmen in ihr, wir bewegen uns in ihr, wir schlafen und wachen in ihrer Mitte.« Das schon ist Sinnfindung, die Bestätigung dessen, was ist. Und wenn wir so einen Blick einüben, dann stehen wir im Loslassen nicht in der Leere.

V. B.: Aber ist es nicht überlebensnotwendig, in unserer überfüllten Zeit der Leere wieder Raum zu geben? In mir klingt dazu noch das Bild von dem Stein nach. Diese kleine Übung, die jeder einmal für sich ausprobieren kann, sagt ja schon viel über unsere Lebenshaltung aus. Kann es sein, dass wir auch das Lassen noch machen wollen? Anders formuliert: Ich glaube, dass wir eine neue Kreativität brauchen, um diese andere, unterentwickelte Seite in uns neu zu entdecken und uns achtsam mit ihr vertraut zu machen. Mit dem Loslassen verbinde ich eine weiche, sanfte, eher passive Haltung, das Loswerden hingegen ist mit Energie und Aktivsein verbunden.

Während ich das spreche, spüre ich förmlich, wie schwer es mir fällt, dem Begriff des Passiven etwas Positives abzugewinnen. Ich mag die *vita activa* schon sehr und schätze es, mit schöpferischen Werten dem Leben Sinn zu verleihen. Und zugleich ist mir sehr bewusst, dass ich dem Sinn des Lebens nicht gerecht werde, wenn ich nur die schöpferische Seite in mir ausbilde. Zur Würde des Menschseins gehört auch die *vita contemplativa,* die betrachtende, beschauliche Seite in uns, die Lust an der Langsamkeit hat und einen Wert im einfachen Dasein und Erleben erkennen kann.

M. H.: Das ist eine wichtige Erkenntnis. Kannst du das noch veranschaulichen?

V. B.: Erst wenn ich das Wechselspiel von Loslassen und Festhalten einübe, kann ich ganz werden, wie der spirituelle Begleiter Pierre Stutz eine schöne Lebenserfahrung beschreibt. Er wohnte in einem Kloster und wollte »rasch« die Glocke läuten. Er schreibt dazu: »Ich zog und zog und zog, mein Arm verkrampfte sich immer mehr. Die Glocke gab wohl Töne, doch sie läutete nicht. Es sollte nicht klappen, frustriert gab ich auf, ließ das Seil los und die Glocke läutete! Eine Glocke läutet nämlich nur, wenn ich kraftvoll das Seil in die Hand nehme, ziehe und es wieder loslasse: Zug um Zug ziehen und loslassen.« Pierre Stutz schreibt davon, dass dieses Erlebnis schmerzvoll und befreiend zugleich war und ein echter Durchbruch, auch die andere Seite des Lebens anzuerkennen und wertzuschätzen. Nicht immer nur festhalten, ziehen, Dinge durchstehen, mit eigenem Willen etwas leisten und schaffen, vielmehr ist es eben auch eine sinnvolle Lebensaufgabe, die eigene Schwachheit und Bedürftigkeit wahrzunehmen, sein zu lassen und anzunehmen. Wenn wir solche Erfahrungen im Alltag machen dürfen, auch wenn sie zunächst schmerzhaft sind, scheint eine kleine Geburt vollbracht zu sein.

Fazit

Der Abschied ist, wie der Neubeginn, integraler Bestand des Alltags. Niemand kann immer nur neu anfangen, wenn er nicht auch Lebensphasen beendet, sich bewusst von Menschen verabschiedet oder für einen Wohnortwechsel ein kleines Ritual findet. Wenn wir Abschied bewusst begehen, haben wir die Chance darauf, dass wir etwas abschließen können. Das bewusste Abschiednehmen im Alltag hat noch weitere Qualitäten. Es verweist auf die Sinnhaftigkeit und Einzigartigkeit unseres gegenwärtigen Daseins. Wenn wir schon in kleinen, alltäglichen Toden unsere Vergänglichkeit wahrnehmen, ist es möglich, mit einer heiteren Gelassenheit manchen Aufregungen des Alltags zu begegnen. Der Bestatter hat das für sich klar erkannt. Diese Erkenntnis wird sich auf seine Lebensführung durch einen Gewinn an innerer und äußerer Freiheit auswirken.

Wir sind in diesem Gespräch dem Sinn des Lassens auf der Spur gewesen. Sinn muss nicht gesucht, nicht verfolgt werden. Er zeigt sich einfach, wenn man sich selbst und dem Augenblick eine Chance lässt. Wir haben gesehen, dass sich durch das Wechselspiel von Aktivität und Passivität ein lebendiger Raum für Sinnerfahrungen eröffnen kann.

Zum Nachlesen

Begemann, Verena (2006): Hospiz – Lehr- und Lernort des Lebens. Stuttgart: Kohlhammer.

Fromm, Erich (1993): Haben oder Sein. Die seelischen Grundlagen einer neuen Gesellschaft. München: Deutscher Taschenbuch-Verlag.

Kämpchen, Martin (2009): Einfach tun. 44 Schritte zur Lebenskunst. Reinbek: Rowohlt.

Stutz, Pierre (2008): Verwundet bin ich und aufgehoben. Für eine Spiritualität der Unvollkommenheit. München: Kösel.

Zum Weiterlesen

Seneca (2010): Von der Gelassenheit. München: Deutscher Taschenbuch-Verlag.

Wilber, Ken (2001): Ganzheitlich handeln: Eine integrale Vision für Wirtschaft, Politik, Wissenschaft und Spiritualität. München: Arbor-Verlag.

Kapitel 10

Wie können wir unsere Gelassenheit vertiefen?

D. B.: »Weltweit bereiten sich Menschen auf den Weltuntergang vor«, höre ich in den Nachrichten. Ich bin etwas amüsiert, denn das hört sich fast so an, als wäre klar, was dann zu tun sei. An der Deutung des Maya-Kalenders kann freilich gezweifelt werden. Umso berechtigter die aufgeworfene Frage: Was würden wir mit einer fest umgrenzten Zeit – ein paar Tage, ein paar Wochen vielleicht, die uns noch blieben – anfangen? Eine wahre Steilvorlage für Gelassenheitsübungen ganz nach dem Muster: innehalten, sich mit dem Schlimmsten auseinandersetzen und dank dieser Einsicht fortan gelassener leben.

Und doch glaube ich, dass diese Fragart in vielen Fällen seicht bleiben muss – wenn Fragen nämlich so allgemein gestellt sind, dass niemand daraus eine persönliche Bedeutung ableiten kann; oder wenn sie moralisierend gemeint sind und in der Folge Menschen eher verschließen als berühren. Innere Weitung kann weder unpersönlich noch in einem Zusammenhang der Rechtfertigung geschehen. Noch weit vor der Gelassenheitsübung steht für mich daher die Frage nach dem Klima, das Wandlung überhaupt erst möglich und wahrscheinlich macht. Und ich denke, dass Übungswege, wenn sie uns tiefgreifend verändern sollen, da beginnen, wo sich Menschen wirklich gemeint und verstanden fühlen. Sie beginnen, wo wir uns fragen, wie wir zu Ereignissen stehen, die uns ganz persönlich betreffen und berühren.

V. B.: Wenn ich dich richtig verstehe, spielst du darauf an, wie wichtig die angemessene Haltung ist. Könntest du das am Beispiel einer konkreten Gelassenheitsübung etwas deutlicher machen?

D. B.: Im Theravada, der ältesten noch existierenden Schule des Buddhismus, trifft man auf eine weit verbreitete Tradition: In den Meditationshallen der Klöster werden Skelette ausgestellt, um den Meditierenden die Gelegenheit zu geben, sich mit der eigenen Vergänglichkeit vertraut zu machen. Ganz ähnlich, aber ohne größere Vorbereitung durchführbar, ist die Meditation über einen gedanklichen Inhalt, der für etwas steht, dem man sich sehr verbunden fühlt und dessen Verlust vorstellbar oder vielleicht sogar absehbar ist. Das mag die eigene Berufstätigkeit sein, eine bestimmte Freizeitaktivität, die man – zum gegenwärtigen Zeitpunkt – nicht missen wollte, oder vielleicht ein bestimmter Mensch, der mir nahesteht. Ob ich mich dieser Vorstellung im abgedunkelten Meditationsraum zuwende oder am Küchentisch sitze, spielt dabei eine untergeordnete Rolle. Entscheidend ist – eben – die innere Haltung, in der ich mich auf die Übung einlasse.

In einer angenehmen Körperspannung sitzend beginne ich die Meditation mit innerer Sammlung. Ich hole mich selbst dort ab, wo ich gerade bin ... nehme für einige Augenblicke meinen Körper wahr ... nehme wahr, was mich in diesem Moment ausmacht ... welche Facetten Teil meiner selbst sind. Das kann das Spüren der Fußsohlen am Boden sein ... dann vielleicht auch aufsteigende Gedanken ...

Gefühle … Bilder. Alles, was ist, hat jetzt seine Berechti-
gung … ist jetzt bewusst da. Auch die Frage nach dem Sinn
dieser Übung … alles darf jetzt sein. Nervosität. Langeweile.
Müdigkeit. Ich nehme dies alles auf eine tiefe, (selbst-)ver-
ständnisvolle Weise an … ich bewerte es nicht, nehme es so
hin, wie es mir gerade erscheint. Wenn es sich für mich stimmig anfühlt, wende ich mich dann dem gewählten Inhalt
zu … Ich spüre die tiefe Bedeutung, die von diesem Inhalt
ausgeht … welche Bedeutung er für mich hat … für mein
Leben … alles, was aufkommt … Ich denke an das Erfüllende, das sich mit diesem Inhalt verbindet … und ich denke
an das Schmerzhafte, das sich mit diesem Inhalt verbindet …

Nach einer gewissen Zeit, vielleicht zehn Minuten, vielleicht 15 Minuten, löse ich mich langsam aus der Konzentration. Falls ich möchte, dehne ich mich dabei etwas, und
achte auf meine Befindlichkeit, wenn ich allmählich wieder
zurückkomme in den Alltag.

V. B.: Deine Übung gefällt mir, weil sie sich gut im Alltag
integrieren lässt. Wir brauchen kleine, wohltuende Zeit-
räume der Achtsamkeit, um mit uns selbst ins Gespür zu
kommen. Achtsam mit sich selbst umzugehen erscheint mir
geradezu als ein Schlüssel für eine gelassene Lebensweise.
Ich stelle eine Übung des buddhistischen Mönchs Thich
Nhat Hanh vor, in der uns der Atem – Ausdruck des Lebens
bis zum letzten Augenblick – leitet. Es ist selbstverständlich
und zugleich etwas Besonderes, dass wir unseren Atem und
damit uns selbst in unserer alltäglichen Leiblichkeit bewusst
wahrnehmen. In dieser Achtsamkeitsübung können wir
unsere Lebendigkeit und Begrenztheit mit allen Fasern des
Seins vergegenwärtigen. Die Meditation dauert nur wenige
Minuten, hat aber, wenn sie regelmäßig praktiziert wird,
weitreichende Auswirkungen auf Erleben und Handeln.

»Einatmend weiß ich, dass ich einatme. Ausatmend
weiß ich, dass ich ausatme.

Einatmend weiß ich, dass ich alt werde. Ausatmend
weiß ich, dass ich dem Alter nicht entkomme.

Einatmend weiß ich, dass ich krank werde. Ausatmend weiß ich, dass ich Krankheiten nicht entkomme.

Einatmend weiß ich, dass ich sterben muss. Ausatmend weiß ich, dass ich dem Tod nicht entkomme.

Einatmend weiß ich, dass ich eines Tages alles aufge-
ben muss, was mir lieb und teuer ist. Ausatmend
weiß ich, dass ich der Aufgabe aller Dinge, die mir
lieb und teuer sind, nicht entkomme.

Einatmend weiß ich, dass meine Handlungen mein
einziges Eigentum sind. Ausatmend weiß ich, dass
ich den Folgen meiner Handlungen nicht entkomme.

Einatmend bin ich entschlossen, meine Tage in tiefer Achtsamkeit zu leben. Ausatmend sehe ich die
Freude und den Frieden eines achtsamen Lebens.

Einatmend weiß ich, dass ich einatme. Ausatmend
weiß ich, dass ich ausatme.«

Die Meditation lädt ein zum täglichen Innehalten. Jede
und jeder muss für sich schauen, welche Zeiten und Texte
dafür am besten geeignet sind, aber wenn wir diese einmal
festgelegt haben, dann sollten wir sie einhalten und versuchen, uns unabhängig von unseren Stimmungen zu machen.
Wenn wir ein Musikinstrument beherrschen oder eine Sprache lernen wollen, brauchen wir feste Übungszeiten und
einen klaren Rhythmus, der unser Vorhaben unterstützt.
Ebenso verhält es sich mit der Achtsamkeit.

M. H.: Der Wunsch, sich in Gelassenheit und Entspannt-sein einzuüben, ist ein *Wunsch* vieler. Das Nichteinüben ist eine *Erfahrung* vieler. Was hindert uns? Wer angespannt und innerlich gereizt ist, wünscht sich zwar Entspannung, tut aber vieles, um ihr auszuweichen. Beginnt man eine Übung und lenkt seinen Blick nach innen, bemerkt man zunächst intensiver als zuvor, wie verspannt und gereizt man ist. Das ist schmerzlich, und sofort ist man versucht, man fühlt sich ja schon gestresst genug, lieber auf anderen Wegen Entspannung zu suchen. Gewöhnlich sind es solche Wege, die kurzzeitige Entlastung bringen, aber insgesamt nichts zu einer wirklich wirksamen Entspannung beitra-gen. Verspannung und Gereiztheit werden gewöhnlich verdrängt, es sei denn, man hat sich schon gründlich in die Achtsamkeit der Körperwahrnehmung eingeübt und erkennt den leisen Beginn eines Spannungskonzertes, das sich später wie in einem Crescendo zum Ausdruck bringen wird. Oft schauen wir da nicht so genau hin und schieben es in den Hintergrund unserer Wahrnehmung.

Wollen wir erfolgreich sein, müssen wir zunächst den Schmerz negativer und irritierender Empfindungen zulas-sen. Dem kann man nicht ausweichen. Das Ermutigende jedoch ist, dass in der Anschauung des Schmerzes, der Ver-spannung, der inneren Ungeordnetheit die Flucht vor sich selbst aufhört und Körper, Psyche und Geist sehr rasch ihren Weg in die Beruhigung finden, in der sich auch das Gefühl der Gelassenheit einstellt. Am Ende steht die wundersame Erfahrung, dass man anfangs der Entspannungsübung mit kindlichem Vermeidungsverhalten ausgewichen ist und nun durch die Unruhe hindurch einen wirksamen Weg zur Ent-spannung gefunden hat.

V. B.: »Richte dein Augenmerk auf dich selbst, und wo du dich findest, da lass von dir ab; das ist das Allerbeste«, so können wir in den Reden der Unterweisung des christlichen Mystikers Meister Eckhart lesen. Hingabe und Loslassen gehören für den Theologieprofessor und Dominikanermönch zusammen. Wir müssen uns finden, um uns selbst lassen zu können. Das Ausatmen funktioniert erst, wenn wir vorher eingeatmet haben. Um sterben zu können, muss ich gelebt haben. Ein sehr einfacher Sachverhalt und doch zugleich so komplex.

Ich versuche, diese Regel auf meine eigene Gebetspraxis zu übertragen. Seit vier Jahren übe ich mich in einer kleinen Gruppe monatlich im Herzensgebet, das ich im Evangelischen Kloster Loccum kennengelernt habe und das in seiner Tradition bis ins 3. Jahrhundert n. Chr. zurückzuverfolgen ist. Mich hat diese kontemplative Gebetsform angesprochen, weil sie mir einen Raum der Ruhe, des Schweigens und des Hörens in einer rastlosen und lauten Zeit schenkt. Auch das Herzensgebet ist eine schlichte Form. Hierbei handelt es sich um einen Erfahrungsweg, der mit Worten nur fragmentarisch dargestellt werden kann. Jedes Erleben ist individuell und erreicht eine Ebene der Transzendenz, die sprachlich eben nicht mehr zu fassen ist. Dennoch ist das »Handwerk der Spiritualität« (Fulbert Steffensky) darzustellen.

D. B.: Wie kann ich mir das Herzensgebet in seinem Ablauf vorstellen? Vielleicht könntest du das etwas näher ausführen.

V. B.: Das Herzensgebet beginnt mit dem Entschluss, sich morgens oder abends zwanzig bis dreißig Minuten Zeit zu nehmen. Mir tut es gut, einen festen Gebetsplatz in unserem Haus zu haben. Ich zünde eine Kerze an, verbeuge mich als

Zeichen der Dankbarkeit für diesen Tag und spreche ein kurzes, immer gleiches Gebet von Hubertus Halbfas: »Dieser Tag und was er bringen mag, sei uns aus deiner Hand gegeben. Du bist der Weg, die Wahrheit und das Leben. Du bist der Weg, ich will ihn gehen. Du bist die Wahrheit, ich will sie sehen, Du bist das Leben, mag mich umgeben Leid und Kälte, Glück oder Glut, alles ist gut, so wie es kommt, gib, dass es frommt. Gib, dass ich dich daran erkenne. Amen.«

Anschließend setze mich auf die Meditationsbank, spüre bewusst Füße, Beine, Becken, Rücken, Arme, Schultern und Kopf. Erst wenn ich mich sozusagen meiner Leiblichkeit vergewissert habe, beginnt die Zeit des Schweigens. Dafür nehme ich mir fünfzehn bis zwanzig Minuten Zeit. Nun ist es nicht so, dass durch äußere Ruhe die innere gleich mitgeliefert wird. Vielmehr erlebe ich, dass viele laute, sorgenvolle Gedanken, unangenehme Gefühle, alte Lebensmuster die Ruhe durchbrechen und überdecken. Die Väter und Mütter des Herzensgebetes wussten um diese Irritationen in der alltäglichen Übung. Daher gehört zur Gebetspraxis ein persönliches Wort, das mit dem Ein- und Ausatmen verbunden wird. Das Wort hilft die Aufmerksamkeit immer wieder zu fokussieren. Mit dem Einatmen verbinde ich die Worte »Ich bin« und mit dem Ausatmen verbinde ich das schlichte Wort »Dein«. Damit werde ich mir meiner selbst bewusst und übe mich zugleich darin, mich selbst zu lassen. Selbstverständlich mit allen Höhen und Tiefen, Scheitern und Neuanfängen, die damit verbunden sind. Jede und jeder findet auf diesem Übungsweg ein eigenes Wort für sich. Ich beende die Zeit der Stille mit einer Verneigung vor dem Kreuz an meinem Meditationsplatz.

M. H.: Das Herzensgebet ist in der christlichen Tradition wegen seiner strukturellen Schlichtheit und Konzentration auf das Wesentliche wieder bedeutender geworden. Es ist eine gute Möglichkeit, sich den tiefen Erfahrungen des Gebetes, der Seinsberührung und der Gottesbegegnung anzunähern. In Anlehnung an einen Ausspruch von Goethes Faust »Allein mir fehlt der Glaube« kann man auch hier auf die allgegenwärtige Erfahrung verweisen: »Allein mir fehlt das Üben«. Was die Motivation des Menschen angeht, möchte ich auf die Wichtigkeit des sozialen Kontextes hinweisen. Es ist so schön, so erbaulich, so leicht, seine Gebets- oder Meditationspraxis aufrechtzuerhalten, wenn wir von Mitmachenden umgeben sind.

Vor vielen Jahren lebte ich für drei Monate auf dem Gelände eines irischen Benediktinerklosters, und vielleicht war das meine beste Gebets- und Meditationszeit. Immer wieder gab es neue Anregungen, Impulse, Gespräche. Das regelmäßige gemeinschaftliche Zusammentreffen in der Kirche, all das stützte und motivierte. Später in den Routinen des Alltags, mit der Überflut seiner banalen Themen, ließ die Kraft der Beständigkeit immer wieder nach. So möchte ich empfehlen, sich Menschen und Gruppen zu suchen, an die man sich im lebendigen Austausch anlehnen kann. Gerade in der persönlichen Begegnung mit Gleichgesinnten kommt uns eine Motivationskraft entgegen, die eine ganze Zeit lang auch für das Üben alleine wirken kann, bis sie dann doch wieder etwas nachlässt und wir einen neuen Begegnungsimpuls brauchen. Vielleicht reicht es ja, einmal im Monat solche persönlichen Kontakte zu haben. Wichtig ist die Erkenntnis, dass wir nicht alle Bäume dieser Welt alleine stemmen können und dass der Mensch des Menschen Unterstützer und Mutmacher ist.

Fazit

Der Wunsch und die Sehnsucht, das eigene Leben gelassen und im Einklang mit sich selbst zu führen, sind vielfach wahrzunehmen. Zugleich können wir uns nicht einfach vornehmen, dass wir jetzt gelassener *sind*, sondern wir brauchen eine Struktur, Anleitungen und Geduld, um im Alltag gelassener zu *werden*. In einer zunehmend säkularisierten und pluralisierten Gesellschaft sind divergente Suchbewegungen wahrzunehmen. Jeder von uns ist da in Eigenverantwortung gefordert und zugleich gibt es eine reiche Tradition in der westlichen und östlichen Kultur, so dass wir von den Erfahrungen anderer lernen, daran teilhaben und uns gegenseitig unterstützen können. Wir haben dargestellt, welche Wege wir ausprobiert haben und welche Übungspraxis unseren Alltag prägt. Allein ist es oft schwer möglich, da wir uns nicht freiwillig bewusst negativen Erfahrungen zuwenden wollen.

Auffallend ist die Bedeutung der Leiblichkeit. Auch wenn wir verschiedene religiöse und spirituelle Zugänge wählen, sind Atem, bewusste Wahrnehmung und Akzeptanz des eigenen Körpers wesentliche Voraussetzungen, um sich selbst lassen zu können. Es ist eine kultur- und epochenübergreifende Erfahrung, dass regelmäßige Meditation und Gebet Körper und Geist in einer rastlosen Zeit zur Ruhe kommen lassen.

Zum Nachlesen

Dyckhoff, Peter (2011): Das Ruhegebet einüben. Freiburg: Herder.

Meister Eckhart (1985): Deutsche Predigten und Traktate. Hrsg. u. übers. von Josef Quint. 6. Auflage. München: Hanser.

Hanh, Thich Nhat (2004): Jeden Augenblick genießen. Übungen zur Achtsamkeit. Zürich: Theseus.

Steffensky, Fulbert (2006): Schwarzbrot-Spiritualität. Stuttgart: Radius.

Zum Weiterlesen

Dantzer, Kurt (Hrsg.) (2004): Meditation im Spannungsfeld von Erfahrung und Theologie. Reden und Aufsätze von Klaus Künkel. Loccum: Loccumer Arbeitskreis für Meditation.

Hanh, Thich Nhat (1999): Das Wunder der Achtsamkeit. Einführung in die Meditation. Zürich: Theseus Verlag.

Köster, Peter (2007): Die Übung des Herzensgebetes nach der Tradition der Ostkirchen. St. Ottilien: EOS.

Pfeifer-Schaupp, Ulrich (2010): Achtsamkeit in der Kunst des Nicht-Helfens. Freiburg: Arbor.

Weiss, Halko; Harrer, Michael E.; Dietz, Thomas (2010): Das Achtsamkeits-Buch. Stuttgart: Klett-Cotta.

Kapitel 11

Welche Vorbilder und Symbole gibt es für Gelassenheit?

V. B.: Vor kurzem habe ich mich mit einer erfahrenen Hospizkollegin über die Gelassenheit unterhalten. Sie begleitet als Psychologin seit zwanzig Jahren sterbende und trauernde Menschen zu Hause, auf der Palliativstation und im stationären Hospiz. Sie berichtete mir von einer jungen Frau, die an einer Krebserkrankung litt und zu ihr sagte: »Wissen Sie, sterben ist gar nicht schlimm. Ich steige nur einen Bus früher ein als die anderen.« Ein klarer, kurzer Satz und wir haben sogleich ein Bild vor Augen. Wenn man sich für die Reise mit dem Bus entscheidet, muss man in der Regel ein paar Minuten an der Bushaltestelle warten. Der Bus kommt nicht früher, wenn wir ungeduldig und nervös werden. Der Bus fährt nach seinem Fahrplan und es gibt eine Endstation. Die Frau verbindet mit diesem Bild, dass sie am Ziel nicht alleine bleiben wird. Sie fährt nur früher, das heißt, die anderen werden den nächsten Bus nehmen. Und zugleich höre ich aus ihren Worten Trost für die Menschen, mit denen sie jetzt bis zum Einstieg in den Bus noch im Kontakt ist. Ihre Worte klingen beruhigend, sowohl für sie selbst als auch für ihre Angehörigen, Freunde und Begleiter.

Die Gelassenheit, wie sie hier hörbar und geradezu fühlbar wird, kann ein Vermächtnis und Vorbild für uns Sterbliche sein. Ich assoziiere mit diesen Gedanken das Gelassenheitsverständnis der stoischen Ethik. Wir sprechen von stoischer Ruhe und meinen damit eine innere Seelenruhe, die nicht mit teilnahmsloser Passivität zu verwechseln ist, sondern die als Haltung der Gleichmütigkeit sichtbar wird. »Die Gleichmütigkeit ist der Gegenbegriff zum unschlüssigen Hin und Her der Seele«, schreibt der Lebenskunstphilosoph Wilhelm Schmid. Die krebskranke Frau wirkt entschlossen, dass sie den früheren Bus nehmen muss, auch wenn dieser Einstieg nicht leicht für sie ist. Daraus lernen wir, dass Gelassenheit nicht mit Leichtigkeit zu verwechseln ist.

D. B.: Vor allem, glaube ich, dürfen wir eine reife Gelassenheit nicht mit Leichtigkeit im Sinne naiver Unbeschwertheit verwechseln. Gelassenheit kann durchaus leicht sein, aber ich denke dabei eher an eine komplexe, erhabene Form von Leichtigkeit.

Der Religionsbegründer Siddhartha Gautama Buddha ist für Buddhisten – und mittlerweile auch für viele Menschen im westlichen Kulturraum – Sinnbild für diese Haltung. Einem grauen steinernen Buddha – der im Lotussitz meditiert – habe ich in meiner Wohnung einen zentralen Platz gegeben. Wenn ich die Skulptur betrachte, fällt mir die gelassene Körperhaltung auf, die aber keinesfalls eine kraftlose ist. Wäre es dem Bildhauer um ein Symbol für vollkommene Entspannung gegangen, so wäre der Buddha anders dargestellt; vielleicht läge er schläfrig auf dem Rücken. Mein Buddha dagegen scheint hellwach zu sein. Aber es ist auch kein angestrengter Buddha, der getrieben wäre von Wünschen oder Ängsten. Er ist einfach da. Es wirkt auf mich, als würde sich in der Skulptur das Paradoxon zwischen gleichzeitiger Anspannung und Entspannung aufheben.

Widersprüchlich ist auch der Ausdruck seines Gesichts. Sein mildes Lächeln wirkt auf mich heiter, aber nicht spöttisch, vielmehr mitfühlend und verständnisvoll. Sein Blick strahlt eine warme Nähe aus und dabei doch eine seltsame, wissende Distanz. Er scheint ganz präsent zu sein, zugleich aber nicht verstrickt in die alltäglichen Dinge.

In meinem Buddha wird die äußere Haltung zum Symbol für eine innere Haltung. Und manchmal kommt es mir so vor, als möchte er mir zu verstehen geben, wie mühelos es sich erreichen lässt, was so vielen Weisheitstraditionen als Leitbild voransteht: in der Welt zu sein, aber nicht von dieser.

M. H.: Eine ähnlich eindrückliche Haltung der Gelassenheit zeigt sich am Beispiel des Schriftstellers Walter Kempowski, der im Jahre 2007 sein letztes Fernsehinterview gab und im selben Jahr verstarb. Man kann es an seiner »Spielfähigkeit« ablesen. Körperlich schon geschwächt, sieht man ihn vor einem Spiegel mit einer Schere sorgfältig seinen Schnurrbart stutzen. Dann fragt er nach einem Monitor, auf dem er sich während des Interviews selber sehen kann. »Da liegt mir ein bisschen dran, weil das ja doch eine Endvorstellung ist, nicht!« Das Leben ist ihm nicht gleichgültig. Er ist noch mitten drin und nimmt die kleinen Details wahr. Jahrzehnte dachte er nicht an den Tod. Dann aber kündigte er sich plötzlich an. Auf die Frage »Sie haben auf keinen Fall jetzt mit einem Gott zu hadern?« antwortet er verwundert: »Hadern? Nein. Er hat mich immer gut behandelt!«

Meine Lesart ist, dass seine Gelassenheit herrühren könnte aus der achtsamen Wahrnehmung dessen, was Leben ausmacht, der aktiven gestalterischen Anteilnahme am Leben und der Dankbarkeit für alles Geschenkte. Wer so am Leben teilnimmt, bedenkt auch schon irgendwie das Woher und Wohin, auch wenn es nicht immer bewusst geschieht. Und wenn die Endlichkeit sichtbar wird, mag man überrascht sein, dass man nicht ein Verzweifelnder ist, sondern ein dankbarer und hoffender Mensch.

V. B.: Kempowski zeigt vorbildlich, was es bedeuten kann, sich selbst anzunehmen. Er kann Erfolge ebenso wie Verluste akzeptieren, in seine Lebensgeschichte integrieren und sie wertschätzend da sein lassen. Eine wichtige Voraussetzung für die Gelassenheit erscheint mir die Sensibilität für die augenblickliche Verfasstheit zu sein. Ich erinnere mich gut an eine Situation in einem stationären Hospiz. Eine 60-jährige Frau war an Brustkrebs erkrankt und in ihren letzten Lebenstagen wechselten sich Ehemann und die beiden Söhne, die die Situation kaum aushalten konnten, mit Besuchen ab. Besonders die erwachsenen Söhne litten unter einer großen Unruhe, die sich vor allem dadurch zeigte, dass sie es nie lange im Zimmer der Mutter ertrugen, sondern vielmehr Gespräch und Fürsorge einer ehrenamtlichen Mitarbeiterin suchten, die in diesen Tagen immer zur selben Zeit im Haus war.

Als die Mutter schließlich starb, wirkten die Söhne erleichtert und befreit, aber auch schmerzerfüllt, und ein Bild tiefer Hilflosigkeit hat sich mir eingeschrieben, wenn ich an sie denke. Ein Vorbild für die Gelassenheit ist mir in dieser Situation die bereits erwähnte ehrenamtliche Mitarbeiterin geworden.

M. H.: Wie ist sie mit der Situation umgegangen?

V. B.: Als die Söhne hilflos, traurig und getrieben von den Gedanken, was nun alles zu bedenken wäre, in der Wohnküche des Hospizes hin und her gingen, fragte sie ganz schlicht »Soll ich Ihnen erst einmal einen Schnaps bringen?« Ich war zutiefst verwundert und habe ihre Worte noch heute im Ohr. Die Söhne schauten sie dankbar an und fühlten sich angenommen. Mir erschloss sich die Bedeutsamkeit dieser Geste erst später. Ich fragte die Ehrenamtliche, wie sie eigentlich auf diesen Gedanken gekommen sei, der ganz offensichtlich dazu führte, dass die Söhne etwas zur Ruhe kamen, ihren Schnaps tranken, auf ihre verstorbene Mutter anstießen und ihren Gedanken und Gefühlen in der Stille, das kleine Glas in der Hand, nachsinnten. Die ehrenamtliche Mitarbeiterin hatte in den Gesprächen sensibel wahrgenommen, dass es der Familie gut tat, wenn sie Erinnerungen zu schönen Festen miteinander teilten. Trotz vieler familiärer Schwierigkeiten waren sie sich in diesen Erinnerungen nah und fühlten sich verbunden. Es war nur ein kleiner Augenblick, in dem diese äußerst kluge Frage der Mitarbeiterin überhaupt möglich war. Und ich glaube, es war diese innere Haltung der Gelassenheit, eben alles, was da ist, da sein zu lassen, die dazu führte, dass eine zum Zerreißen angespannte Situation gelöster wurde und die Söhne sich auf ihre Emotionen einlassen konnten.

D. B.: Vorbilder für Gelassenheit können wegweisend sein. Sie lassen sich in allen Formen und Abstraktionsgraden finden: zwischenmenschlich ganz unmittelbar, wie in deinem Beispiel der ehrenamtlichen Mitarbeiterin, oder metaphorisch verdichtet in den Schriften und Ikonen der Religionen der Welt.

So wie der steinerne Buddha Gelassenheit plastisch verkörpert, so ist es dem bekannten chinesischen Dichter Li Bai (701–762) gelungen, Gelassenheit in Worte zu fassen. Eines seiner Gedichte begleitet mich seit vielen Jahren: »Ihr fragt, warum ich allein im Bergwald lebe. Ich lächle und schweige, bis auch mein Geist schweigt. Er weilt in einer andren Welt, die den andren fremd. Pfirsichblüten: Die Wasser strömen weiter.«

Trotz ihrer intuitiven Faszination: Für westlich geprägte Menschen sind die fernöstlichen Vorbilder für Gelassenheit – meditierende Weise und Asketen – nicht immer leicht zu greifen. Und ich gebe zu, dass auch mich zwei Überlegungen lange Zeit an der Glaubhaftigkeit des weltfern anmutenden Buddha-Ideals zweifeln ließen. Wenn doch der Buddha sinnbildlich für einen lebendigen Menschen stehen soll, frage ich mich, was würde von der Gelassenheit bleiben, wenn diesem so hochentwickelten Menschen die Lebensweisheit doch einmal verloren ginge. Wie wasserdicht kann die Gelassenheit des Buddhas sein, wenn es doch absehbar ist, dass auch er früher oder später alt, schwach und vergesslich würde?

Irgendwann fiel mir der Roman »Mein Leben ohne Gestern« von Lisa Genova in die Hände. Er handelt von einer Frau mittleren Alters, die an Alzheimer erkrankt. Als Klappentext die folgende Zeile: »Wenn die geistigen Kräfte nachlassen, bleibt einem immer noch das Gefühl der Liebe.« Mir wurde durch diesen Satz auf Anhieb verständlich, dass Gelassenheit nichts ist, was nur im Kopf sitzt. Sie ist eben nicht nur Gedankenspiel. Wenn wir von tiefer Gelassenheit sprechen, dann sprechen wir von einem Lebensvertrauen, das im wörtlichen Sinn durch und durch geht. Mystiker sprechen davon, dass manche Menschen »tief erleuchtet« sind. Das Bild legt nahe, dass sich ein bewusstseinserhellendes Vertrauen – tief – durch Körper, Gefühl, Geist und Seele zieht. Auch Sterbende und Trauernde können, davon bin ich überzeugt, noch in den dunkelsten Momenten einen Zugang zu diesem tiefen Vertrauen finden. Und sie können in der Erfahrung und im Ausdruck dieses Vertrauens tatsächlich Buddha sein.

M. H.: Wenn ich dich richtig verstehe, ist der meditierende Buddha also Sinnbild für eine gelassene Haltung, die nicht aufgesetzt ist, sondern aus der eigenen Tiefe kommt. Du hast eine zweite Überlegung angedeutet, die dich skeptisch machte. Was war das?

D. B.: Ich war auch deshalb skeptisch, da ich mir nur schwer vorstellen konnte, wie ein Buddha noch gelassen bleiben sollte, wenn er nur einmal wirklich ins Leben eintauchen würde. Ich hörte von Mönchen, die sich auf ihrem Weg zur Buddhaschaft über Jahre meditierend in eine Höhle zurückzogen. Wer aber kann gelassen bleiben, der sich auf die Herausforderungen der Welt wirklich einlässt, der Bindungen eingeht, Verantwortung übernimmt, fühlt und mitfühlt? Ich möchte das asketische Buddha-Ideal etwas relativieren, denn es zeigt nur die eine zweier Seiten, die eigentlich untrennbar sind. Es ist nicht das Erreichen einer vollkommenen Gelassenheit an sich, das allein erstrebenswert wäre. Unendlich wertvoller ist jeder kleinste Wachstumsschritt auf diesem Weg, wenn er denn mitten im Leben geschieht. Wer im Umgang mit den gewöhnlichsten Dingen heute auch nur ein Stück weit tiefer aus dieser Gelassenheit schöpft als noch am Tag zuvor, der hat Großes geschafft: Er hat Erkenntnis ins Handeln gebracht.

M. H.: Ja, das ist ein guter Hinweis. Gelassenheit soll sich natürlich mitten im Leben bewähren und wir sind eigentlich immer nur auf dem Weg der Annäherung. Ich erinnere mich an eine Begegnungserfahrung, wo diese Annäherung schon sehr weit vorangekommen war. Ich stand mit einem Mann vor seinem recht großen Ferienhaus, in welchem er eine große Bücher- und Kunstsammlung untergebracht hatte. Es kam mir in den Sinn, ihn zu fragen, wie er denn damit umgehen würde, wenn das alles hier einmal abbrennen würde. Seine spontane Antwort war: »Ach, ich habe schon die Welt brennen sehen.« Er hatte den Zweiten Weltkrieg mitgemacht. Die Bedrohung konnte er sofort relativieren, weshalb er bei der Vorstellung, dass sein Haus mitsamt den wertvollen Sammlungen abbrennen könne, gelassen blieb.

Und das scheint mir bei gelassenen Menschen die entscheidende Fähigkeit zu sein. Sie kommen nicht so schnell in die Enge, sondern aktivieren sofort ihr Erfahrungsgedächtnis und schöpfen daraus, was die aktuelle Bedrohung in einen relativierenden Kontext stellt. Auf solche Weise können viele schwierige Situationen bewältigt werden. Das Bewusstwerden der eigenen Sterblichkeit ruft ja auch die Frage auf, was uns trösten und unsere weltlichen Sorgen relativieren könnte. Wer gut in sich hineinfühlen kann, wird entdecken, dass es eine Stimme gibt, die einem ganz leise aber bestimmt zuflüstert, dass es mit uns gut ausgehen wird dass wir auch im Tod noch Schutz und Geborgenheit erfahren werden. Dieses gefühlte Wissen macht gelassen.

»Von guten Mächten wunderbar geborgen«, schreibt Dietrich Bonhoeffer in der Todeszelle. »Man kann nicht tiefer fallen als in Gottes Hand« ist eine andere Formulierung. Wer das Kleine in einen größeren Kontext setzen kann, wer die eigenen Sorgen mit denen anderer vergleichen kann, wer das kurze Leben in einen spirituellen oder religiösen Kontext einbetten kann, lebt gelassener, jedenfalls prinzipiell und dann, wenn es wirklich darauf ankommt; auch wenn er sich im Alltag über viele Kleinigkeiten mächtig aufregen kann.

Fazit

Vorbilder der Gelassenheit zeigen in sehr unterschiedlichen Nuancierungen, dass es darum geht, sich von Situationen nicht vereinnahmen zu lassen, so leidvoll und komplex sie sein mögen. Menschen und religiöse Vorbilder, die wir als gelassen erleben, bewahren sich eine gesunde Distanz, die ihnen Handlungsoptionen ermöglicht. Gelassene Menschen haben eine gute Standfestigkeit in den Wirren des Lebens und lassen sich nicht zu schnell von Problemen und Autoritäten beeindrucken. Das bedeutet nicht, dass sie dabei rational über den Dingen stehen. Aber sie sind im guten Gespür mit sich selbst, wie wir anhand der dargestellten Beispiele sehen konnten. Es sind Menschen, die sich berühren lassen und zugleich durchlässig werden für das, was ihnen geschieht. Daraus resultiert ein unverkrampfter Umgang mit den Geschehnissen.

Wir haben gesehen, dass gelassene Menschen mit einem wärmenden und zugleich durchlässigen Mantel von Vertrauen und Liebe umgeben sind. In der fernöstlichen Tradition sprechen wir auch von einer Buddha-Natur, die kultiviert werden will, damit sie sich wie eine zweite Haut schützend über uns legt. Wichtig ist für den eigenen Lernprozess der Gelassenheit, einen inneren Zugang zu Vorbildern zu entwickeln. Im Alltag ist es gut, wenn wir ganz konkret auf Bilder schauen können, die uns an die Gelassenheit erinnern und die Seele einen Moment zur Ruhe kommen lassen.

Zum Nachlesen

Genova, Lisa (2009): Mein Leben ohne Gestern. Bergisch Gladbach: Lübbe.

Schmid, Wilhelm (1998): Philosophie der Lebenskunst. Eine Grundlegung. Frankfurt a. M.: Suhrkamp.

Zum Weiterlesen

Kempowski, Walter (2011): Umgang mit Größen. Meine Lieblingsdichter – und andere. München: Knaus.

Wagner, Jürgen (2005): Meditationen über Gelassenheit. Der Zugang des Menschen zu seinem Wesen im Anschluss an Martin Heidegger und Meister Eckhart. Hamburg: Verlag Dr. Kovac.

Kapitel 12

Welche Bedeutung hat Gelassenheit im Umgang mit Trauer?

V. B.: »Trauer ist das gleiche Gefühl, das wir sonst Liebe nennen. Ich kann jemanden nur betrauern, wenn ich auch eine Beziehung zu ihm habe«, so hat es der Bestatter, Trauerbegleiter und Autor Fritz Roth formuliert, der als Erster einen privaten Friedhof in Deutschland gegründet hat und mit innovativen und zugleich einfühlsamen Projekten dazu beigetragen hat, dass Trauer wahrgenommen, ernst genommen und gewürdigt wird. Trauer ist – wie Liebe – nicht eine Lebensherausforderung eines Einzelnen, sondern der Umgang mit Trauernden ist auch ein Spiegelbild der Gesellschaft. Ganz ähnlich, wie Sterben und Tod Angst auslösen, so verkörpern Trauernde geradezu die Endlichkeit und den schmerzvollen Abschied.

Trauer zeigt sich in unterschiedlichsten und ambivalenten Gefühlen wie Einsamkeit, Verzweiflung, Angst, aber auch Erleichterung, Dankbarkeit und Ruhe. Wie oft hören Trauernde schon wenige Wochen nach der Beerdigung: »Du musst loslassen, der Tod war doch eine Erlösung, das Leben geht weiter.« Sätze wie diese schmerzen und belasten. Wenn wir wissen, dass Liebe und Trauer zwei Seiten einer Medaille sind, dann werden wir einfühlsamer, weicher und herzlicher. Warum sollte es für Trauernde gut sein loszulassen, wenn ein geliebter Mensch gestorben ist? Ist es nicht gerade in haltlosen Zeiten wichtig, an der Liebe festzuhalten?

Die Gerechtigkeitsphilosophin Martha C. Nussbaum schreibt, welche Bedingungen und Fähigkeiten für ein gutes Leben notwendig sind: »Die Fähigkeit, [...] diejenigen zu lieben, die uns lieben und für uns sorgen, und über ihre Abwesenheit traurig zu sein; allgemein gesagt: zu lieben, zu trauern, Sehnsucht und Dankbarkeit zu empfinden.« Mit Liebe verbinden wir eine bewusste Bejahung und dieses Ja aus Herz und Vernunft ist auf die Trauer übertragbar. Trauer will wie Liebe gelebt, durchlitten, mitgeteilt und erfahren werden. Trauernde spüren, wie wertvoll und heilsam es ist, wenn sie ihre ambivalenten Gefühle und Gedanken sein lassen dürfen und in solidarischer Mitmenschlichkeit in ihrem zerbrochenen Sein angenommen und wertgeschätzt sind.

D. B.: Die Trauer in einen lebendigen Ausdruck zu bringen, ist von grundlegender Bedeutung. Der Arzt und Psychoanalytiker Alexander Mitscherlich war der Auffassung, dass derjenige, der nicht trauere, innerlich erstarren müsse. Wenn man sich aber Trauer als innere Starre vorstellt, stellt sich die Frage, wie sich diese lösen lässt. Der passende Zeitpunkt und ein geeignetes Umfeld können dabei wie ein Ventil wirken und diesen Prozess voranbringen.

Allerdings erlebe ich nicht selten, dass es Trauernden schwerfällt, solche Gelegenheiten zu finden. Eingebunden in die berufliche und private Rolle, kann die Schwelle hoch liegen, Anteile auszuleben, die sich emotional zutiefst bedürftig fühlen. Einrichtungen wie Trauergruppen und Trauercafés helfen, durch einen Rahmen des Angenommenseins und wechselseitigen Verstehens, den intensiven Gefühlen, die im Verlauf der Trauer auftauchen, den nötigen Raum zu geben.

Die Trauer um einen geliebten Menschen bringt ein ganzes Spektrum von Gefühlen mit sich. Es kann dann darum gehen, sich schmerzhaft klar zu werden, dass der Verstorbene unwiederbringlich gegangen ist. Vielleicht steht auch eine Auseinandersetzung mit schwerem Siechtum und den Erinnerungen an die letzten gemeinsamen Lebensstunden an, die manches Mal auch begleitet sind von Gefühlen der Wut oder der Frage nach der eigenen Schuld. Aber auch glückliche Tage werden erinnert und dazugehörige Gefühle durchlebt: wenn Hinterbliebene Fotos und aufbewahrte Gegenständen des Verstorbenen betrachten, wenn sie vielleicht gemeinsame Lieder hören und Plätze aufsuchen und wenn sie den Gewohnheiten nachgehen, die man lange Zeit teilte.

V. B.: Das klingt so, als wäre der Umgang mit Trauer ganz schön harte Arbeit.

D. B.: Dieser Eindruck verstärkt sich noch, wenn man sich in der psychotherapeutischen Forschung zu diesem Thema umsieht. Es fallen hier Begriffe ins Auge wie »Traueraufgaben« und »Trauerarbeit«. So wichtig die aktive Konfrontation für den Trauerprozess auch sein mag: Eine gesunde Trauer lebt gerade auch durch den harmonischen Wechsel zwischen Hinschauen und Wegschauen. In neueren Versuchen, den Trauerprozess wissenschaftlich zu erklären, wird dieser Gedanke berücksichtigt. Die Trauerforscher Stroebe und Schut unterscheiden zwei gegenläufige Formen, mit der Trauer umzugehen. Beide Formen wechseln einander über den gesamten Trauerprozess ab. Die erste Form ist die Auseinandersetzung mit dem Verlust; die zweite Form die Auseinandersetzung mit dem neuen, veränderten Leben: Um welche neuen Aufgaben, Rollen und Identitäten erweitert sich mein bisheriges Leben? Wird eine Neuordnung meines familiären und sozialen Umfelds nötig? Welche meiner Gewohnheiten werden sich anpassen müssen? Ergeben sich Herausforderungen durch eine veränderte Finanzsituation? Wie gehe ich mit neu gewonnenen Freiheiten um?

Ich denke, eine wohldosierte Konfrontation – das behutsame Wechselspiel aus Hin- und Wegschauen – wird wie von selbst eintreten, wenn wir uns darauf einlassen, was gerade ganz natürlicherweise ansteht und in uns lebendig ist. Im besten Fall ist es dann, als wenn wir von einem sicheren inneren Ort aus neugierig und offen beobachten, was immer dieser Moment mit sich bringt; wir würden unseren ganz eigenen und stimmigen Ausdruck von Trauer finden und uns hingeben in dessen natürlichen Fluss.

M. H.: Wer eine Trauererfahrung macht, bekommt es mit vielen Gefühlen zu tun, die sehr intensiv sein können. Angst, Verunsicherung, Verzweiflungsgefühle oder das Gefühl, dass einem das Leben fremd vorkommt. Aber auch Gefühle von besonders intensiver Nähe zum Verstorbenen, von Liebe und Dankbarkeit für vieles, was der Verstorbene einem gegeben hat. Und es ist richtig, der Trauernde steht mit diesen Gefühlen immer schon inmitten einer Gemeinschaft, die ihn stützt oder die Angst vor ihm hat oder einfach keine Erfahrung hat, wie sie mit ihm umgehen soll. Deshalb ist der Beitrag der Hospizbewegung so wertvoll, weil sie Sterben und Trauer thematisiert und das Angebot macht, Sterbende und Trauernde zu begleiten.

Es kann eine große Erleichterung sein, mit einem Menschen zu sprechen, der selbst schon einmal einen Angehörigen verloren und der sich mit seiner Trauer auseinandergesetzt hat. Jemand, der gelernt hat, Worte für seine Gefühle zu finden, und der weiß, welche verschiedenen Wege es gibt, die Trauer in neue Lebenskraft zu verwandeln. Allein schon seine Anwesenheit kann beruhigen und Hoffnung erwecken. In seiner Nähe fühlt der Trauende sich mutiger und traut sich mehr, den Schmerz des Verlustes an sich heranzulassen und auch Freude zuzulassen, zu der es auch in der Trauerzeit immer wieder Anlass geben wird.

Es müssen aber nicht immer Hospizmitarbeiter sein, die diese Begleitung leisten. Jeder, der der Trauer und der Leiderfahrung des anderen nicht flieht, kann dieser Begleiter oder diese Begleiterin sein. Da stirbt der Mann einer Frau im Alter von 75 Jahren. Sie bekommt Besuch von ihrer Freundin, dessen Mann schon vor vielen Jahren gestorben ist. Und sie bekommt Besuch von einer Nachbarin, dessen Mann auch gestorben ist. Allein durch die Tatsache der Begegnung mit diesen Frauen vermitteln sich die Beruhigung und Erkenntnis, dass es nicht unnormal ist, wenn ein Mann früher stirbt als die Frau. Andere Frauen schaffen es auch, allein weiterzuleben und aktiv am Leben teilzunehmen.

V. B.: Sich gegenseitig zu trösten ist ein wertvolles Geschenk in Zeiten der Trauer. Mir fällt zu den drei Freundinnen ein Satz von Astrid Lindgren ein: »Lange saßen sie dort und hatten es schwer, aber sie hatten es gemeinsam schwer und das war ein Trost. Leicht war es trotzdem nicht.« Ich habe den Eindruck, dass es genau darum geht. Gemeinsam eine schwere Situation auszuhalten und sie nicht leichter machen zu wollen. Auch hier gerät unser Wille wieder an seine Grenzen. Vielmehr geht es darum, dass sich das Paradoxe einstellt, wenn wir das Schwere schwer sein lassen können. Erst wenn diese Erfahrung in allen Facetten erlebt wurde, ist überhaupt erst wieder Raum für die Leichtigkeit vorhanden, und sie wird sich ganz von selbst zeigen, wenn die Zeit dafür reif ist.

D. B.: Was bei allem Trost aber trotzdem viel Zeit brauchen kann …

V. B.: Leider können wir Trauernden nicht sagen, wie lange dieser Prozess dauert. Wir können aber dabei sein und dabei bleiben. Ich erinnere mich gut an ein Gespräch mit einer trauernden Frau, die sich erschreckt hat, als sie das erste Mal wieder aus vollem Herzen gelacht hat. In Bruchteilen von Sekunden hat sie Schuld und Befreiung gespürt. Sie war so überrascht von sich selbst, dass sie in ihrer Trauer auf einmal wieder lachen und sich freuen konnte. Sie selbst hat das als ihren Durchbruch zum Leben bezeichnet. Natürlich war die Trauer um ihren Mann nicht beendet, aber in der Trauer zeigten sich erste Spuren Lebensfreude. Und: Die Trauer muss vielleicht auch gar nicht aufhören oder irgendwann beendet sein, sondern sie will, wie eine große Liebe, integriert werden in die Lebensführung, in der sich der oder die Hinterbliebene ganz neu organisieren muss, erstmals Aufgaben gegenübersteht, die bislang der Partner, die Partnerin selbstverständlich übernommen hat.

Wie gut tut es uns allen, wenn wir dann auf verständnisvolle Menschen treffen, die auch in praktischen Dingen Unterstützung anbieten und die sich vorsichtig annähern. Ein Zitat einer Frau in einer offenen Trauergruppe ist mir auch nach vielen Jahren noch gut im Ohr. Sie sagte über die Zeit nach dem Tod ihres Mannes: »Ich wurde daran gehindert zu trauern. Ich wurde einfach von Menschen überrannt. Ich denke, das ganze System hier, die ganze Gesellschaft ist so aufgebaut, die lässt einen gar nicht zur Ruhe kommen. Ich wurde getrieben, das ist einfach so abgelaufen.« Wenn Menschen daran gehindert werden, ihrer Trauer Ausdruck zu verleihen, dann entwickelt sich hektische Betriebsamkeit und damit das Gegenteil von Gelassenheit. Trauer, die wir als Gesellschaft nicht in einfühlsamer Gelassenheit mittragen können, kann dann wirklich krank machen.

D. B.: Im gegenseitigen Verstehen werden Mitmenschen zu Ressourcen für unsere Seele. Für mich schließt sich hier die ganz konkrete Frage an, wie sich Menschen finden lassen, die Traurigkeit und Leid in einfühlsamer Gelassenheit mittragen können. Oder anders gefragt: Was zeichnet verständnisvolle Kontakte aus? Wie fühlen sich Begegnungen an, die heilsam sind für Verletzungen, die durch Verlusterfahrungen ausgelöst werden?

Ich würde an dieser Stelle gerne zu einem Perspektivwechsel einladen, der die Antwort ganz nach innen legt. Eingeleitet werden kann diese Perspektive durch ein simples Gedankenexperiment:

Wir stellen uns unsere Mitmenschen darin einfach als Spiegel vor, die unser Spiegelbild in ganz unterschiedlicher Weise zurückwerfen. Aus diesem Blickwinkel lässt sich einer ganzen Reihe von Fragen nachgehen: Welchen Teil von mir möchte ich von einem anderen Menschen gerne zurückgespiegelt wissen? Bei welchen Themen wünsche ich mir das Verständnis durch einen anderen Menschen? Worin wäre es mir in diesem Moment wichtig, erkannt zu werden? Es lässt sich aber genauso fragen: Wie spiegele ich mich in meinem Gegenüber tatsächlich wider? Was wird durch ihn zurückgespiegelt, wenn ich meiner Trauer den Ausdruck verleihe, der ihr gerade entspricht? Erscheint mir das Spiegelbild stumpf, das heißt, bleibt unbeantwortet, was ich ausdrücke? Erscheint mein Spiegelbild verzerrt?

Bei dieser Übung geht es nicht um möglichst viel Selbsterkenntnis. Es geht vielmehr darum, ein Gefühl dafür zu entwickeln, welches Miteinander mir in diesem Augenblick gut tut.

Trauernden kann das Experiment beispielsweise aufzeigen, dass es hilfreich sein kann, die unterschiedlichen Teile des eigenen Gefühlslebens mit unterschiedlichen Menschen zu teilen. So bekommt ein Trauernder von seinem Verwandten womöglich wenig Verständnis für aufkommende Wut gespiegelt, während ein außenstehender Freund sich vielleicht auch hiervor nicht verschließt. Wer sich wiederholt auf dieses Experiment einlässt, wird lernen, eine zunehmende Sensibilität für die eigenen Bedürfnisse zu entwickeln und dafür, welches Bedürfnis in welchem Umfeld in einem guten Sinn beantwortet wird. Wenn wir die Zeit der Trauer mit Selbstgespür beginnen, haben wir es leichter, mit unserer Trauer auf einen ausgewogenen Weg zu finden. Die Anpassung an das gesellschaftliche Raster von Erwartungen und Vorwürfen tritt in den Hintergrund und es kann Raum gewinnen, was in diesem Augenblick wirklich heilsam ist. An einem einfühlsamen Umfeld lässt sich also aktiv mitgestalten.

M. H.: Ich stelle mir gerade vor, was Verstehen bedeutet. Wie sollte es möglich sein, einen Trauernden wirklich zu verstehen? Denn niemand kennt die persönliche Erfahrungswelt und die ganz eigenen Gefühle, die damit verbunden sind. Nicht einmal man selbst kennt sie ganz. Die Trauer umgreift mehr Aspekte und Facetten des eigenen Seelenlebens, als man selbst bewusst wahrnehmen kann. Erst im Laufe der Zeit, wenn Monate und Jahre dahingehen, kommt eine Facette nach der anderen aus der Deckung und stellt sich dem Bewusstsein vor. Von Menschen, die selber Trauererfahrungen gemacht haben, fühlt man sich vielleicht annähernd verstanden. Jedenfalls bleibt die eigene Trauererfahrung immer einmalig und einzigartig und geht nie ganz in Verstehen auf.

Was jedoch sehr hilft, ist, wenn man von anderen einfach wahrgenommen wird. Ein Karte, eine anteilnehmende mündliche Bemerkung signalisieren: »Du bist nicht allein!« Das sind wichtige Trosterfahrungen, die über viel Unsicherheit, Einsamkeit, Verzweifeltsein hinweghelfen können. Durch das Wahrgenommenwerden fühlt ein trauernder Mensch sich auf eine andere Weise gut verstanden.

Manche Trauernde fühlen sich durch zu viele Ratschläge und durch zu absichtsvolles Trösten der anderen nicht gut verstanden. Da werden schnell mal Lösungsvorschläge unterbreitet, welche nicht zur Situation und Befindlichkeit passen. Oder es wird aus Hilflosigkeit im Umgang mit Trauernden etwas Unpassendes gesagt. Andererseits ist es gut, wenn Trauernde diesbezüglich nicht allzu strenge Maßstäbe anlegen. Die gute Absicht der anderen ist hundertmal wichtiger als die Form. Wer sich verstanden fühlen möchte, der sollte es sich und anderen leichter machen, sich gegenseitig näher zu kommen.

Fazit

Wir haben das komplexe Phänomen der Trauer betrachtet und gesehen, dass Trauer ein Lebensprozess ist, der seine ganz eigene Dynamik hat. In der Trauerarbeit werden Lebensaufgaben sichtbar, der sich jede und jeder stellen muss, wenn er vital weiterleben will. Es handelt sich hierbei um individuelle Trauerwege, die so einzigartig sind, wie die Beziehungen zu dem geliebten und vertrauten Menschen selbst. Der Sohn wird um den Vater anders trauern als die Ehefrau oder der beste Freund. Der Tod ist ein unwiederbringlicher Verlust, der in die Lebensgeschichte integriert werden will, und es ist fraglich, ob es überhaupt darum gehen kann, den Verlust zu bewältigen.

Wohltuend ist es zu signalisieren: »Du bist nicht allein«
oder »Wir sehen deinen Schmerz«. Das wahrhaftige Gesehenwerden ist ein wertvoller Trost und trägt in Zeiten, in
denen sich das gesamte Leben verändert. Zugleich ist deutlich geworden, dass wir Trauernde nicht auf diese Rolle
reduzieren dürfen. Dies würde eine zusätzliche Belastung
bedeuten. Vielmehr gilt es, Menschen in ihren gesunden
Pendelbewegungen zwischen Erinnerungen und Zukunftsideen, zwischen Schwere und Leichtigkeit, zwischen neu
gewonnenen Freiheiten und traurigen Verlusten zu stärken
und zu unterstützen.

Es gibt es in unserer Gesellschaft mittlerweile zunehmend mehr Trauercafés und Trauergruppen, in denen Menschen sich vertrauensvoll über ihr Erleben austauschen.
Diese neu gewonnenen Räume können helfen, das eigene
Erleben zu vergegenwärtigen und anzuschauen. Zugleich
ist danach zu fragen, ob und wie wir einander verstehen
können und wie gelassenes Sein im Prozess des Verstehens
sichtbar werden kann.

Zum Nachlesen

Enax, Cornelia; Höppke, Winfried (2005): Wenn die Seele malt. Tagebuch eines Abschieds. Gütersloh: Gütersloher Verlagshaus.
Lindgren, Astrid (1974): Die Brüder Löwenherz. Hamburg: Verlag Friedrich Oetinger.
Nussbaum, Martha C. (1999): Gerechtigkeit oder das gute Leben. Frankfurt a. M.: Suhrkamp.
Stroebe, Margaret; Schut, Henk (1999): The dual process model of coping with bereavement: rationale and description. Death Studies, 23 (3) 197–224. doi:10.1080/074811899201046

Zum Weiterlesen

Heller, Andreas (Hrsg.) (2010): Trauer kann dauern. Praxis Palliative Care H. 9/2010. Hannover: Vincentz Verlag.

Husebø, Stein (2005): Liebe und Trauer. Was wir von Kindern lernen können. Freiburg: Lambertus.

Lukas, Elisabeth (1999): In der Trauer lebt die Liebe weiter. München: Kösel.

Kapitel 13

Wie drückt sich Gelassenheit
in Begegnungen aus?

V. B.: In der Hospizbewegung und Palliativversorgung ist es uns ein zentrales Anliegen, Sterbenden und Trauernden mit einfühlsamem Verstehen, also Empathie, zu begegnen. In mir klingt noch der Gedanke nach, inwieweit dies möglich und notwendig ist. Muss ich den oder die andere verstehen, damit es ihm besser geht, oder kann es nicht ebenso hilfreich sein, wenn man sich als Gegenüber im Sinne des schon erwähnten Spiegelbildes zur Verfügung stellt, so dass der andere sich selbst zunehmend besser versteht und dadurch an Selbsterkenntnis gewinnt? Diese Haltung kann in der Begleitung sterbender und trauernder Menschen ein Gewinn für die innere und äußere Freiheit sein und dem eigenen Anspruch ein gutes Maß geben.

Den Anspruch zu haben, den anderen umfassend in seiner Lebenswelt verstehen zu müssen, kann überfordern. Hingegen ist es immer eine Möglichkeit, sich ganz schlicht und verständnisvoll einzulassen. Als Begleiterin erlebe ich das emotionale Chaos und die damit verbundene Unsicherheit in Krisensituationen nicht als persönliche Erfahrung. Es ist nicht mein Erleben, sondern das Erleben des anderen, das nur ihm oder ihr allein gehört. Ich lasse mich darauf ein, ohne Lösungsvorschläge zu präsentieren. So wichtig die Lösungsorientierung für den Alltag ist, in der Begleitung am Lebensende stoßen wir damit an Grenzen. Der innere Gefährte gibt nicht die Richtung des Weges vor, er leitet und lenkt nicht oder gibt gute Ratschläge. Den inneren Gefährten zeichnet nicht das aktive Handeln aus im Sinne: »Ich mach das schon für dich« oder »Ich weiß, was gut ist für dich«. Der innere Gefährte ist eher der stille und leise Begleiter, dem es gelingt, einen Augenblick von sich selbst abzusehen, um den anderen nahe zu sein. Er oder sie ist nicht damit beschäftigt sich zu überlegen, was in dieser Situation jetzt zu tun wäre oder was zu verändern wäre. Vielmehr geht es darum, einem Menschen einen guten Resonanz- und Schutzraum für seine unverständlichen und unerklärlichen Gefühle zu geben, in dem er beginnen kann, sich selbst wieder nahe zu sein. Hierin spiegelt sich der alte Gedanke der Hilfe zur Selbsthilfe wider. Es ist ein nachhaltiges Geschenk, wenn Abschieds- und Trauerwege so begleitet werden können, dass Menschen ihre Selbstbestimmung wieder neu entdecken und sich im Chaos der unverständlichen Gefühle zugleich angenommen und ernst genommen fühlen.

D. B.: Nach meiner Erfahrung beginnt Verstehen mit der Bereitschaft zweier Menschen, miteinander in Kontakt zu kommen. Das klingt eigentlich recht einfach. Auf dem Weg vom Sich-verstehen-Wollen zum Sich-Verstehen lauern jedoch einige Fallstricke. Oft handelt sich bei diesen Fallstricken um Unaufmerksamkeiten in der Kommunikation, die einen echten Kontakt verhindern. Gespräche können so schnell zur Selbstsabotage werden, sie können sich emotional aufschaukeln oder einseitig teilnahmslos verlaufen. Die Begegnung wird zum Kräftemessen, aus dem der Stärkere als Gewinner, der Schwächere als Verlierer hervorgeht.

Umso schwerwiegender werden solche Konflikte, wenn sie in Phasen schwerster Krankheit und Trauer, und damit am Rande der existenziellen Isolation, geschehen. »Du verletzt mich jeden Tag aufs Neue, weil du nie mit mir sprechen willst«, entgegnet ein Angehöriger seiner leukämiekranken Frau. Wer sich den Satz genauer besieht, wird vielleicht merken, dass hier verschiedene Dinge durcheinandergebracht werden, die eigentlich nicht zusammengehören. Genau diese Vermischungen sind es, die ein Missverstehen verursachen und verschärfen. Will die Frau wirklich nicht mit ihrem Mann sprechen? Oder steht einem offenen Gespräch etwas im Wege? Verletzt die erkrankte Frau ihren Mann wirklich? Oder hat er Erwartungen an seine Frau, denen sie zurzeit einfach nicht nachkommen kann, selbst wenn sie es wollte?

Marshall B. Rosenberg entwickelte in seiner »Gewaltfreien Kommunikation« vier Regeln, mit denen sich solche sprachlichen Vermischungen bewusst machen lassen. Mit etwas Übung verhelfen diese Regeln dazu, sich in größerer Klarheit auf Begegnungen einlassen zu können. Es wird so möglich, Kommunikation gleichermaßen authentisch wie empathisch zu gestalten, also ganz bei sich zu bleiben und trotzdem ganz beim anderen zu sein; ein Kunstgriff, der die eigenen Bedürfnisse so klar wie nötig formulieren lässt und dabei so wenig wie möglich Gewalt gegen den anderen gebraucht. Ich nenne diese kommunikative Grundhaltung auch gerne »sanfte Ehrlichkeit«.

V. B.: Der Begriff der Gewaltfreien Kommunikation klingt drastisch. Welche Regeln hat Rosenberg dazu aufgestellt und was bedeutet für ihn Gewalt?

D. B.: Wenn ich Kollegen, Patienten oder Angehörige auf die Möglichkeit zur Gewaltfreien Kommunikation hinweise, stoße ich immer wieder auf Verwunderung. »Ich bin doch

nicht gewalttätig!«»Jein«, antworte ich dann, denn Gewalt
beschränkt sich bei weitem nicht auf körperliche Auseinan-
dersetzungen. Gewalt wird im Ansatz Rosenbergs viel weiter
gefasst. Sie tritt auf, wann immer sich einer auf Kosten des
anderen durchsetzt. Oft geschieht das unbewusst und sub-
til, manchmal auch völlig wortlos. Doch resultieren daraus
immer Kontaktlosigkeit und wachsende Entfremdung.

Die Gewaltfreie Kommunikation schlägt vor, die unterschiedlichen Bedürfnisse aller Beteiligten in sanfter Ehrlichkeit gegeneinander abzuwägen. Das beginnt – mit Regel
eins – beim Schildern der tatsächlichen Beobachtung: »Du
hast dich weggedreht, als ich ein bestimmtes Thema angesprochen habe« ist besser als »du ignorierst mich immer«,
denn im zweiten Satz wird der Beobachtung die Interpre-
tation »ignorieren« und die Verallgemeinerung »immer«
beigemischt. Die zweite Regel empfiehlt, dem anderen
einen unverfälschten Einblick in seine Gefühle zu geben:
»Ich fühle mich traurig« ist demnach besser als »du verletzt
mich«, da der zweite Satz kein Gefühl, sondern einen Vor-
wurf liefert. Die dritte Regel verbindet das eigene Gefühl mit
einem konkreten persönlichen Bedürfnis: »Ich fühle mich
traurig, da mir ein offener Austausch mit dir viel bedeutet«
ist besser als »du verletzt mich, wenn du unserer Abma-
chung nicht nachkommst, alles miteinander zu besprechen«,
denn im zweiten Satz geht es nicht mehr um Bedürfnisse
sondern um konkrete Strategien, wie das Bedürfnis nach
Offenheit erfüllt werden könnte. Im Sinne der vierten
Regel kann an den anderen schließlich eine Bitte statt einer
Forderung gerichtet werden: »Wärest du bereit, mit mir
gemeinsam nach einem Weg zu suchen, damit wir auch
dieses schwierige Thema miteinander teilen können?«, ist
demnach besser als zu drohen: »Wenn du dich weiterhin so
verschließt, komme ich dich gar nicht mehr besuchen.« Wer

sich an den vier Regeln der Gewaltfreien Kommunikation orientiert, trägt – zumindest von eigener Seite – viel dazu bei, den typischen Vermischungen einer allzu unbedachten Sprache vorzubeugen.

M. H.: Rosenbergs Hinweise sind auch auf die Gelassenheit im Gespräch mit Sterbenden zu beziehen. Wer nicht gelassen ist, ist angestrengt. Wer angestrengt ist, ist mehr im Denken als im Fühlen, mehr im Kontrollieren als im Lassen, mehr im analysierenden Beobachten als im einfühlenden Wahrnehmen. In der angestrengten kontrollierenden Haltung werden wir einem anderen Menschen selten optimal gerecht. Kommunikation kann hier eine Nähe zur Machtausübung und zur *Gewalt* im Sinne von Rosenbergs Kommunikationsmodell haben. Gelassenheit setzt einen Verzicht auf Kontrolle voraus und die Fähigkeit, ruhig und offen zu sein. Erst dann reagiere ich nicht sofort blind auf jeden Reiz, der sich meiner Wahrnehmung darbietet, sondern beginne, die gesamte Situation wahrzunehmen. Ich bleibe in einer fühlenden Wahrnehmung, die viele Dinge überblicken kann.

Einen Sterbenden verstehen bedeutet zum Beispiel, seine Worte zu verstehen, die oft weniger rational formuliert, sondern mehr intuitiv und symbolisch geäußert werden. Es bedeutet auch, wach zu sein für körperliche Äußerungen und Reaktionen. In der gelassenen Haltung habe ich einen besseren Zugang zum eigenen Erfahrungsschatz und kann aus einer ruhigeren Haltung heraus feinfühliger und differenzierter wahrnehmen, was der Sterbende äußert und braucht. Es geht hier um eine Wahrnehmungskompetenz, die neben allem Fachwissen eine wichtige Voraussetzung für die Begleitung von Sterbenden und Trauernden ist.

V. B.: Mir helfen eure Ausführungen, meinen eigenen Kommunikationsstil zu reflektieren. Ich habe den Eindruck, dass wir häufiger Gewalt im Sinne Rosenbergs anwenden, als uns bewusst und lieb ist. Das lässt mich innehalten. Immer wenn ich meine Macht und Durchsetzungsstärke für eigene Interessen im Gespräch einsetze, bin ich wohl nicht mehr gelassen. Anstatt des guten Überblicks fokussiere ich meine Ziele und verliere den anderen dabei aus dem Blick. Das kann ebenso in Gesprächen zwischen Sterblichen und Sterbenden geschehen, da auch hier die gleichen zwischenmenschlichen Kommunikationsstrukturen und damit Stärken und Schwächen deutlich werden.

In der Hospizarbeit habe ich Gespräche durchaus als machtvolle Situationen wahrgenommen. Aber wer ist der oder die Mächtige? Sterbender, Angehöriger, Begleiter oder gar der Tod? Der Tod hat seine eigene, unverfügbare und nicht zu kontrollierende Macht und liegt somit außerhalb der Konkurrenz. Das Besondere in Gesprächen am Ende des Lebens liegt darin, dass Menschen in höchst zerbrechlichen Lebenssituationen aufeinandertreffen, in denen sie nicht wissen, wie viel Zeit ihnen bleibt. Es verwundert daher nicht, dass auch Anstrengung, Druck, Kontrolle als Mechanismen auftauchen, mit denen wir versuchen, das Unverfügbare letztlich doch im Griff zu haben. Eine natürliche und nachvollziehbare Haltung, die aber nicht von Gelassenheit geprägt ist.

Vielleicht hilft uns hier der Gedanke der Bevollmächtigung weiter. Beide Seiten bevollmächtigen sich, im Gespräch den Raum zwischen Ich und Du zu gestalten. Jeder hat dabei eigene Grenzen, die ihn schützen, die behutsam zu achten sind und die sich im Laufe des Gesprächs auch verändern können. Hier gilt es, auch die Macht der eigenen Grenzen wahrzunehmen, zu erkennen und sich in ihnen zu bewegen.

M. H.: Nun hat sich das Thema Macht mit aller Macht in den Vordergrund geschoben. Macht ist ein wichtiger Begriff, besonders in der Kommunikation. Jedem Menschen ist daran gelegen, sich durchsetzen zu können, wenn es wichtig und sinnvoll ist. Das ist mit Macht im positiven Sinne gemeint. Gleichzeitig ist Macht ein affektiv besetzter Begriff, so dass manchmal die Nennung des Wortes ausreicht, um Menschen aggressiv zu machen. Das liegt an der Erfahrung mit der negativen Variante der Umsetzung von Macht, welche wohl die eigenen Bedürfnisse sieht, aber nicht die Bedürfnisse der anderen wahrnimmt oder respektiert. Also, Macht im Sinne von Durchsetzungskraft wünscht sich jeder und ist eine positive Eigenschaft, wenn sie sinnvoll und zum Wohle aller eingesetzt wird. Weil das Bedürfnis, mächtig und durchsetzungsstark zu sein in jedem angelegt ist, spielt dieses Bedürfnis bei Menschen immer eine Rolle und ist im Kommunikationsstil stets anwesend.

In der Sterbebegleitung kann ein durchsetzungsstarker Mensch, wenn er umsichtig und am Sinn orientiert ist, viel bewirken, während jemand, der sich gar nicht durchsetzen mag, sich wenig für die Belange der anderen, des Sterbenden und der Angehörigen einzusetzen vermag. Dabei ist ganz wichtig, ob jemand sein Macht- beziehungsweise Durchsetzungsmotiv richtig einschätzen kann. Wenn man weiß, dass man Konflikte nicht mag und keine Kraft für die Konfrontation damit hat, kann man trotzdem die Situation richtig einschätzen und sich gegebenenfalls Hilfe holen. Wer bei sich selbst ein starkes Macht- beziehungsweise Durchsetzungsmotiv entdeckt, kann darauf achten, es sinnvoll und der Situation angemessen einzusetzen und nicht zu spontan der eigenen Durchsetzungslust nachzugeben.

Fazit

In unserer Betrachtung wurde deutlich, dass Gelassenheit eine bedeutsame Grundhaltung für den Verständigungsprozess ist. Sie gehört zu den Rahmenbedingungen für eine wohltuende und damit gewaltfreie Kommunikation. Ohne Gelassenheit neigen wir dazu, andere zu kontrollieren, angestrengt zu sein und einen engen Analyseblick anstelle eines einfühlsamen Weitblicks zu haben. In dieser Atmosphäre spüren Sterbende und Trauernde keinen Resonanz- und Schutzraum, in dem sie sich aufgehoben fühlen. In einer gelassenen Haltung hingegen teilen sich Dialogpartner ihre Bedürfnisse in sanfter Ehrlichkeit zueinander mit. Es ist dann nicht mehr notwendig, sich auf Kosten des anderen durchzusetzen, vielmehr werden Interessen, Ziele und Vorstellungen als »Ich-Botschaften« formuliert, die dazu beitragen, dass Menschen sich selbst besser verstehen und erkennen, was ihnen jetzt gut tut. Wenn Menschen sich so begegnen können, geschieht gewaltfreie Kommunikation, die den anderen nicht mehr für eigene Zwecke missbraucht. In einer gelassenen Haltung gelingt dann auch ein reflektierter Umgang mit Macht im Sinne einer sinnorientierten Durchsetzungskraft. Wenn wir uns dagegen der eigenen Macht nicht bewusst sind, kann sie gerade an der Grenze des Lebens das menschliche und zwischenmenschliche Leid vergrößern.

Zum Nachlesen

Begemann, Verena (2006): Hospiz – Lehr- und Lernort des Lebens. Stuttgart: Kohlhammer.
Rosenberg, Marshall B. (2005): Gewaltfreie Kommunikation. Eine Sprache des Lebens. Paderborn: Junfermann.

Zum Weiterlesen

Rogers, Carl R. (2006): Entwicklung der Persönlichkeit. Stuttgart: Klett-Cotta.
Rosenberg, Marshall B. (2009): Lebendige Spiritualität: Gedanken über die spirituellen Grundlagen der Gewaltfreien Kommunikation (2. Auflage). Paderborn: Junfermann.

Kapitel 14

Wo liegen die Grenzen der Gelassenheit?

V. B.: In der Hospizarbeit habe ich an der Grenze des Lebens deutlich mehr Menschen getroffen, die sich eher verlassen und nicht so sehr gelassen fühlten. Diese Erfahrung mussten auch Menschen machen, die in sich in Familien, Freundschaften und persönlichem Glauben geborgen und getragen fühlten. Ist der Anspruch nicht doch zu hoch, angesichts von Sterben, Leid und Trauer gelassen sein zu wollen?

Die schweizerische Musik- und Psychotherapeutin Monika Renz hat in ihrer Studie »Todesnähe als Wandlung und letzte Reifung« Gespräche und Begegnungen mit sechshundert Sterbenden ausgewertet und zeigt darin, dass »eindrücklich reife Menschen aufgrund früher durchlebter Reifungsprozesse einfacher bereit sind zu sterben oder – wenn es sein soll – auch nochmals zu leben«. Hierbei handelt es sich allerdings um eine sehr kleine Gruppe von circa 12 %.

Diese wissenschaftliche Erkenntnis bestätigte auch eine Hospizkoordinatorin aus ihrer täglichen Erfahrung. Sie sagte: »Weißt du, ich glaube, es ist ein Gast von hundert, der oder die wirklich einverstanden mit dem Tod ist. Das ist der Alltag in der Hospiz- und Palliativversorgung.« Laut der Studie von Renz zeigt ein deutlich höherer Anteil der Patienten (30 %) dagegen sogenannte »Todeskämpfe, die verbal bekundet, symbolisch erlebt oder durch extreme Unruhe sichtbar werden. Eindrücklich ist auch die Angabe der Schweizerin, dass nur 11 % der Personen im Voraus Angst vor dem Tod äußerten, aber während des Sterbeprozesses konnten bei mindestens 42 % verschiedene Angstformen wahrgenommen werden.«

D. B.: Welche Schlussfolgerungen ziehst du aus diesen Erkenntnissen?

V. B.: Wenn ich diese Zahlen auf mich wirken lasse, habe ich den Eindruck, dass es ausgesprochen klug und sinnvoll ist, sich mitten im Leben mit anstehenden Reifungs- und Abschiedsprozessen vertraut zu machen. Zugleich gilt es hier nicht der Versuchung zu unterliegen, dass wir Gelassenheit letztlich doch »machen« können. »Weil die Gelassenheit ein Sich-selbst-Finden in der Begrenzung ist, ohne die Gebrochenheit des menschlichen Lebens zu leugnen, bedarf sie unabdingbar der Selbsterkenntnis«, so beschreibt der Kapuziner Ludger Schulte eine wesentliche Facette der Gelassenheit. Wenn davon auszugehen ist, dass Sterben auch ein Kristallisationspunkt des Lebens ist, dann gehört es dazu, dass Unruhe, Zerrissenheit, Angst und Sorge spürbar werden. Das alles ist Leben und lebendiges Sein.

Ich erinnere mich gut an einen Mann, der kurz vor seinem Tod die Krankenhausflure bis zur Erschöpfung auf und ab ging. Jeder auf der Station wunderte sich über diese Vitalität. Es war sein letztes Aufbäumen, seine Unruhe, bevor er sich in einer nicht zu erwartenden Art und Weise mit dem Tod einverstanden erklärte. Erst nachdem er seine aktive Lebenszeit im wahrsten Sinne des Wortes abgelaufen hatte, konnte er sich selbst lassen und somit dem Sterben überlassen.

M. H.: Das möchte ich unbedingt unterstreichen: Gelassenheit entzieht sich der Machbarkeit. Ich kann mir auch vorstellen, dass so mancher beim Lesen der vorhergehenden Texte schon den Kopf geschüttelt hat, weil er die Erfahrung der Nichtmachbarkeit schon gemacht hat. Der letzte und eigentliche Impuls zur Gelassenheit entzieht sich der bewussten Kontrolle. Eher hat man das Gefühl, dass sie einem von irgendwoher geschenkt wird oder sich eben von alleine einstellt, irgendwie aus der Mitte oder dem Herzen der Person auftaucht.

Man stelle sich vor, jemand hat ein Buch über die Gelassenheit geschrieben und Seminare darüber gegeben. Und dann bricht etwas Unerwartetes in sein Leben ein und dieser Mensch reagiert so, als hätte er noch nie etwas von Gelassenheit gehört. Zwischen Theorie und Praxis kann eine große Kluft sein. Aber, und das ist der Sinn der Theorie: Sie ist ja als eine Vorausschau gedacht. Sie reflektiert Erkenntnisse und hilft, Übungen für die Praxis zu entwickeln. Die Praxis bedeutet dann Einübung in die Gelassenheit, das ständige Verbinden der Theorie mit dem Alltagsleben und seinen Widrigkeiten. Das erfordert immer wieder die Bereitschaft einer gefühlten und emotionalen Auseinandersetzung. Doch dann gibt es immer noch keine Garantie, dass sich im Ernstfall die Gelassenheit auch wirklich einstellt. Gelassenheit beruht auf sehr komplexen und oft undurchschaubaren Zusammenhängen.

Trotzdem ist auch wahr, dass man viel tun kann, damit Gelassenheit eine Chance hat, Einkehr zu halten. Aus meiner Arbeit in einer Klinik kann ich mich noch gut erinnern, einmal einen älteren Mann, der seine vom Schlaganfall betroffene Frau über den Krankenhausflur schob, gefragt zu haben, wie er es schaffe, dass er sich mit so viel Kraft und Gelassenheit der Situation stelle. »Ach wissen Sie«, sagte er (sinngemäße Wiedergabe seiner Worte), »seit vielen Jahren denke ich über das Leben nach und habe dazu auch viele Bücher gelesen. Mir war klar, dass einer von uns einmal zuerst erkranken würde. Mich macht das traurig, aber ich bin nicht erschüttert, weil ich auch diese Möglichkeit mit einbezogen habe. Jetzt ist der Ernstfall eingetreten und mir ist wichtig, nun ganz für meine Frau da zu sein, um ihr alle mögliche Hilfe zu geben.« Auch wenn man Gelassenheit letztlich nicht machen kann – man kann vorbereitend etwas tun, damit sie sich eher entfalten kann.

V. B.: Du hast von vorausschauender Gelassenheit durch gute Literatur gesprochen, wie sie eindrücklich auch bei dem Ehemann sichtbar wurde. Wie kann ich mir eine rückschauende Gelassenheit vorstellen?

M. H.: Wenn man schon mit so einem Begriff wie »rückschauende Gelassenheit« spielen will, dann würde ich sagen, dass es eine Rückschau in ein Leben ist, in dem man erkennt, dass vieles auch gelebt wurde. Es kann ja sein, dass zum Beispiel durch eine Krankheit das Leben radikal verändert wird und nicht mehr so wie bisher weitergelebt werden kann. Vielleicht kann man seine Arbeit nicht mehr ausüben oder nicht mehr reisen. Dann kann es sehr beruhigen, zu erkennen, dass man die Arbeit mit Freude durchgeführt und seine Sache gut gemacht hat. Sinnmöglichkeiten wurden genutzt. Reisen wurden nicht aufgeschoben, sondern frühzeitig unternommen. Man freut sich, an bestimmten Orten gewesen zu sein, ganz in dem Bewusstsein, dass es nicht wirklich etwas dazutut, immer wieder dorthin zu fahren.

Es kommt auch nicht auf die Quantität der Erfahrungen an. Das Leben wird und soll, gerade wenn es sich dem Ausklang zuneigt, mehr an den Höhepunkten als an den Tiefpunkten gemessen werden, mehr an dem Gelungenen als an dem Misslungenen. Es geht auch nicht nur um die ganz großen Dinge, sondern besonders um die ganz kleinen Dinge. Jede Freundlichkeit, die man einem anderen schenkte, ist mit Gold und Diamanten gar nicht aufzuwiegen. Und wer meint, dass ihm nicht mal das gelungen ist, der kann am Lebensende immer noch die Erkenntnis haben, wie es denn gewesen sein sollte. Und auch das ist anerkennenswert. In der Rückschau lässt sich gelebtes Leben segnen. Und das macht gelassen.

D. B.: Und letztlich läuft es doch darauf hinaus: Bevor du gelassen bist, musst du gelassen werden. Ist Gelassenheit also etwas völlig Widersprüchliches? Bleibt sie doch unerreichbar? Wir sollten sehen, dass Gelassenheit auch bedeuten kann, Seiten an sich wahrzunehmen, die alles andere als gelassen sind. Das ist der erste Schritt: Mit Gelassenheit wahrnehmen, nicht immer gelassen sein zu können. Ergibt das Sinn? Durchaus. Dann nämlich – wir sprachen bereits darüber –, wenn es eine höchste innere Warte gibt, von der aus die Gelassenheit hinabgreift ins alltägliche Leben. Wenn wir die immerwährende Gelassenheit erkennen lernen, die dem höchsten unserer inneren Wesensteile innewohnt, öffnet sich eine Perspektive der Einsicht, aus der sich alle Widersprüche einebnen.

Sophie Tieck-Bernhardi, eine Dichterin der deutschen Romantik, fasste das so in Worte: »Alle Widersprüche im Leben und im Menschen sind nur scheinbar, und könnten wir wie ein Gott auf alle heruntersehen und sie alle verstehen, so würden wir unsere Augen von keinem mit Widerwillen wenden.«

M. H.: Das hört sich einerseits ermutigend an, aber anderseits auch recht ernüchternd. Denn es bleibt damit noch immer unbeantwortet, wie Gelassenheit erlangt werden kann.

D. B.: Im Gegensatz zu mancher Ratgeberliteratur glaube ich nicht daran, dass sich Gelassenheit, wie ich sie verstehe, rezeptartig herstellen ließe. Natürlich: Wir können Metaphern verwenden wie die so treffende eines inneren Pendels. Wir können davon sprechen, dass ein Pendel innerer Gelassenheit mit zunehmender Lebensreife aus immer größerer Höhe schwingt. Wir können sagen, dass hieraus wachsende innere Freiheit hervorgeht. Und wir können sagen, dass sich das Pendel schließlich auch über den Willen erheben kann bis es sich aufhängt im Numinosen. Diese Bilder können kraftvoll und hilfreich sein.

Umhin kommen wir aber nicht, beim Alltäglichsten beginnend in diese Haltung hineinzuwachsen, hineinzuspüren und hineinzulieben. Mit Rainer Maria Rilke lässt sich anschließen, »wenn Sie sich an die Natur halten, an das Einfache in ihr, an das Kleine, das kaum einer sieht, und das so unversehens zum Großen und Unermeßlichen werden kann; wenn Sie diese Liebe haben zu dem Geringen und ganz schlicht als ein Dienender das Vertrauen dessen zu gewinnen suchen, was arm scheint: dann wird Ihnen alles leichter, einheitlicher und irgendwie versöhnender werden, nicht im Verstande vielleicht, der staunend zurückbleibt, aber in Ihrem innersten Bewußtsein, Wach-sein und Wissen.«

V. B.: Ich empfinde den Gedanken als tröstlich und ermutigend, dass wir, frei nach Rilke, »in wachsenden Ringen« die Sehnsucht nach Gelassenheit im Herzen von Jahr zu

Jahr wachhalten und stärken. Zugleich erscheint es mir eine Erleichterung zu sein, mit einer gewissen Demut wahrzunehmen, dass wir sie nie in aller Fülle und Schönheit erreichen können. Die Haltung der christlichen Lebenskunst, die davon ausgeht, dass nur Gott allein die Weisheit vorbehalten ist und dem Menschen die Liebe zur Weisheit zukommt, erscheint mir auch für die Gelassenheit anwendbar zu sein. Es ist eine schöne, erfüllende und zugleich herausfordernde Lebensaufgabe für den Menschen, die Liebe zur Gelassenheit in sich zu bewahren. Und dazu braucht es die spürbare Erfahrung, dass sich durch Gelassenheit komplizierte Lebenssituationen und existenzielle Nöte gelöst haben.

Je mehr ich über Gelassenheit nachdenke, desto weniger erscheint es mir klug und richtig, sie denken zu wollen. Vielmehr habe ich den Eindruck, dass die Erfahrung, dass durch Lassen Dinge gelöst und erlöst werden, tief ins Herz einsinken muss, damit wir sie verinnerlichen und sie zu einer zweiten Natur im Menschen werden kann.

An Rilke anknüpfend könnten wir sagen, dass wir Geduld mit der Gelassenheit haben sollten: »Man muss Geduld haben mit dem Ungelösten im Herzen, und versuchen, die Fragen selber lieb zu haben, wie verschlossene Stuben, und wie Bücher, die in einer sehr fremden Sprache geschrieben sind. Es handelt sich darum, alles zu leben. Wenn man die Fragen lebt, lebt man vielleicht allmählich, ohne es zu merken, eines fremden Tages in die Antworten hinein.« Dieser Gedanke Rilkes ist ein wertvoller Beitrag zur vorausschauenden Gelassenheit und führt uns die Kraft des Lassens und zugleich des beharrlichen Dranbleibens vor Augen.

Es geht nicht darum, die Fragen zu verdrängen, sondern sie in Liebe anzunehmen, sie zu bejahen. Nichts anderes bedeutet Liebe. Zum anderen ja zu sagen. Am Ende des Lebens werden die meisten von uns an noch mancher existenziellen Nuss zu knacken haben, so zeigen es jedenfalls die Studien von Monika Renz. Wenn wir dann auf eine innere Haltung der Liebe zur Gelassenheit zurückgreifen können, die wir im Laufe unseres Lebens entwickelt haben, dann möchte ich darauf vertrauen, dass die biblische Zusage »In Christus liegen verborgen alle Schätze der Weisheit und der Erkenntnis« (Kol 2, 3) auch in Stunden und Tagen trägt, an denen wir an die Grenzen unserer menschlichen Gelassenheit kommen.

M. H.: Gelassenheit hat eine *Grenze*. Auf der einen Seite der Grenze gibt es die eigene kreative Gestaltung von Gelassenheit. Als geistige Person kann ich mich entscheiden, Dinge so oder so zu bewerten. Ich kann Bedingungen schaffen, die mich beruhigen. Ich kann Orte aufsuchen, die mir das Gefühl von Gelassenheit geben, und ich kann Menschen begegnen, die Gelassenheit ausstrahlen. Und dann kommt die Grenze, wo das Eigene nicht mehr ausreicht, wo alle Sichtweisen, Konzepte und Gestaltungsmöglichkeiten an das Ende ihrer Möglichkeiten kommen. Auf dieser Grenze kann ich in größte Unruhe gelangen oder aber einen Blick auf die andere Seite der Grenze tun und daran glauben, dass aus dieser Dimension heraus der eigentlich haltgebende Trost kommt. Es ist ein metaphysischer oder religiöser Trost. An dieser Stelle können wir das Leben noch einmal neu lesen und glauben lernen.

Fazit

Studien und langjährige Hospiz- und Palliativerfahrungen zeigen, dass der größte Teil der Menschen nicht in Gleichmut und Gelassenheit stirbt, sondern mit Unruhe, Ängsten und inneren Nöten zu kämpfen hat. Jede Auseinandersetzung mit Gelassenheit kommt an der Grenze des Lebens an ihre natürliche Begrenztheit. Die vorausschauende Gelassenheit, mit der man sich durch Lektüre und meditative Übungen durchaus vertraut machen kann, wird in der Akutsituation auf die Probe gestellt. Trotz möglicher Vorbereitung bleibt Gelassenheit ein Geschenk der Unverfügbarkeit.

Zugleich kann sie sich in sinnorientierter Rückschau einstellen, wenn Menschen bilanzierend erkennen, dass sie ihr Leben nach besten Möglichkeiten gestaltet haben, das Leben für sie selbst und andere einen Wert hatte. Das regelmäßige Ringen um Gelassenheit im Alltag ist notwendig, um die Sehnsucht nach ihr wachzuhalten. Hilfreich dafür sind persönliche Vorbilder, Orte, die zum Lassen ermutigen, und eine tröstliche Dimension des Glaubens oder der Religion.

Zum Nachlesen

Die heilige Schrift des Alten und Neuen Testaments (1996): Zürich: Verlag der Zürcher Bibel.
Renz, Monika (2008): Zeugnisse Sterbender. Todesnähe als Wandlung und letzte Reifung. Paderborn: Junfermann.
Schulte, Ludger (2013): Weil Leben mehr als Machen ist. Ostfildern: Patmos Verlag.

Zum Weiterlesen

Burbach, Christiane (Hrsg.) (2010): … bis an die Grenze. Hospizarbeit und Palliative Care. Göttingen: Vandenhoeck & Ruprecht.

Kapitel 15

Warum ist von der Liebe nicht zu lassen?

M. H.: Dazu fällt mir spontan ein Philosophenwort ein: »Die Vernunft kann nur reden. Es ist die Liebe, die singt« (Joseph de Maistre). Der Volksmund weiß um diesen Unterschied, wenn er sagt, dass man dem Leben mit Herz und Verstand begegnen soll. Der Verstand ist ein Werkzeug mit der Fähigkeit, in klar umrissenen, logisch miteinander vernetzten Begriffen zu denken. Er ist sachlich und sieht die Fakten. Das kann ihn aber auch in die Enge führen. Es sei denn, er verbindet sich immer wieder mit dem ganzheitlichen liebenden Blick des Herzens. Der liebende Blick führt in die Weite und entdeckt viele Spuren des Freudvollen. Wer sich freut, beginnt innerlich und vielleicht auch wirklich zu singen. Der liebende Blick sieht auch Leidvolles, aber verzweifelt daran nicht, weil er das Ganze sieht und viel schneller Tröstendes entdeckt. Letztlich entdeckt der liebende Blick sogar die bedingungslose Bejahung des Lebens und auch des Sterbens als einen Teil des Lebens. In diese Richtung soll man geistig wandern und reifen, auch wenn man selten ganz ankommt.

Ich schrieb einer Bekannten einen Geburtstagsgruß und fragte, ob wir beide wohl mit den Jahren weiser (und damit auch liebender) werden würden. Sie antwortete Folgendes: »Ich glaube, jeder, der sich im Herzen eine Eule bewahrt, die versucht, objektiv plus lieb zu gucken, könnte einen

Millimeter weiser werden.« Sich eine Eule bewahren heißt, wachsam bleiben, alles wahrnehmen. Aber es kommt etwas hinzu: »plus lieb zu gucken«. Dann ist man einen Millimeter weiser geworden. Eine gute Einschätzung, weil keine Überschätzung. Der liebende Blick ist ein wertschätzender Blick. Deshalb darf man nie von der Liebe lassen, weil man sonst in einer wert- und sinnentleerten Welt leben würde. Dann könnte man den Tod nicht mehr ins Leben lassen, weil man ihn nur nüchtern als Fakt sieht und nicht auch als Geheimnis. Auf diese Doppelbedeutung von »Fakt und Geheimnis« kommt es letztlich an. Das rettet den Menschen. Wer die Welt so anschaut, entdeckt die Freude am Leben und will sich mitteilen. Das ist die Bedeutung des Satzes: »Nur der Liebende singt.«

V. B.: Ich erinnere mich an die Begleitung einer demenzkranken Frau, die wirklich singend starb. Es war für sie nicht mehr möglich, ihre Bedürfnisse verbal zu artikulieren. Aber sie hat immer gerne gesungen und nach einigen konfliktreichen Hürden konnten sich ihre Angehörigen und Freunde darauf einlassen, dass sie bei Besuchen mit ihr sangen. Diese singende Sterbebegleitung wirkte fast ein wenig skurril, wenn man dann zufällig ins Zimmer kam, aber man spürte die Liebe, die im Raum war. Ihre Kinder, die sich über einen langen Zeitraum von der Persönlichkeit der Mutter verabschieden mussten, konnten sich auf eine neue Dimension von Liebe einlassen. Sie fühlten sich in positiver Weise verantwortlich und über das Singen konnten sie der Mutter auch ganz authentisch antworten.

Martin Buber hat in seiner Dialogphilosophie die Liebe als Verantwortung für ein Du formuliert. In der Ich-Du-Begegnung nehmen wir einander wahr, wie wir sind, können akzeptieren, bejahen, auch wenn sich das langjährig vertraute Du aufgrund von Krankheit, Leiden, Sterbeprozess sehr verändert hat. Es gehört zum Wesen des Menschen, dass er sich in der Ich-Du-Beziehung entfalten, wachsen und weiterentwickeln kann. Nur in ihr kann sich ein lebendiger Prozess des Werdens vollziehen. Für die Kinder ereigneten sich Begegnungen, die neu und unbekannt waren und für die sie eine Offenheit mitbrachten, die ihnen gut getan hat.

Begegnung zwischen Ich und Du gehört zu den kostbaren und einzigartigen Augenblicken des Lebens, die man nicht erzwingen, für die man sich aber bereit halten kann: »Das Du begegnet mir von Gnaden – durch Suchen wird es nicht gefunden.« Dies sind die Momente, die nicht festgehalten werden können, die tiefen Augenblicke, in denen es keine Heuchelei, sondern nur noch echte Teilhabe und Teilnahme gibt. Zwischen Ich und Du geschieht wechselseitiges Empfangen und Verschenken.

D. B.: Wir haben so viel von Transzendenz und Wachstum gesprochen, von Rückzug und Stille, von Gebet und Meditation. Im Grunde steht dies alles für ein und dasselbe: für den langen Weg in die innere Freiheit. Es ist jene Suche nach der Weisheit, die uns in die Übersicht, Distanz und Weite führt. Diese Suche lässt uns Schritt für Schritt über uns selbst hinauswachsen. Die Weisheit relativiert Leiden, Schmerz und Tod und führt uns dorthin, wo wir schon immer waren und formlos unsterblich sind.

Doch wir haben auch über ein Zweites gesprochen – du hast es gerade so treffend als den lebendigen Prozess des Werdens bezeichnet: über die vielen Gesichter der Liebe. Die Liebe ist die notwendige Gegenbewegung zur Weisheit. Denn so wie uns die Weisheit in die Formlosigkeit führt, so bindet uns die Liebe wieder an die Form zurück. Erst die

Liebe bringt die abstrakteste Erkenntnis in den konkretesten Ausdruck. Es ist, als ob sich ein Kreis schließt, wenn man zu ahnen beginnt, dass wir längst angekommen sind, wohin wir eigentlich immer wollten. Durch die Erfahrung der Liebe, die sich in der Weisheit gründet, wird Gelassenheit lebendig.

M. H.: Vielleicht könntest du den Zusammenhang zwischen Weisheit und Liebe noch etwas greifbarer machen.

D. B.: Man denke etwa an ein kleines Kind, das mit heftigem Weinen reagiert, weil es draußen gewittert. Die Mutter des Kindes weiß, dass die Angst im Schutz des Hauses unangemessen ist. Damit verfügt die Mutter über ein Wissen, das ihr Kind nicht hat. Für das Kind wird die Erkenntnis der Mutter aber erst existent, wenn es von ihr in den Arm genommen wird, vielleicht mit einem tröstenden Blick und einem beruhigenden Wort. Weisheit und Erkenntnis nützen nichts, solange sie nicht in ganz konkreter Form an den Ort der Angst kommen.

Wie grundlegend der Zusammenhang zwischen Weisheit und Liebe ist, das wurde mir durch ein Meister-Schüler-Gespräch bewusst, das ich vor vielen Jahren miterlebte. Ich befand mich damals auf einem Retreat zum Erlernen des Tai-Chi Chuan, dem chinesischen Schattenboxen. Nachdem der Meister die Teilnehmer eine knappe Woche lang mit aller Ausdauer in die Kunst des stillen Sitzens und meditativen Bewegens eingeführt hatte, meldete sich einer der Teilnehmer in der Morgenrunde zu Wort. »Ist es also so, dass wir unser bisheriges Leben, unsere Familie und unseren Beruf, all unsere Vernetzungen und Abhängigkeiten, restlos zurücklassen müssen, um uns wirklich selbst zu finden?« Der Meister war aufgrund dieses Resümees sichtlich irritiert. Er überlegte kurz und antwortete: »Ich will es mit einem Bild klar machen, worauf es ankommt: Der beste Einsiedler ist der, der in der Stadt lebt.«

Ein meditatives Leben, ein Leben in voller Bewusstheit, oder wie auch immer man es nennen mag, umfasst zweierlei. Zum einen heißt es, den Weg der Weisheit zu gehen und den heiligen inneren Ort zu finden. Zum anderen heißt es, die Weisheit über die Liebe in die Mitte des Lebens zu transportieren. Dann wäre das, was zutiefst zeit- und formlos ist, dorthin gebracht, was in tiefster Weise von zeitlicher und räumlicher Gestalt ist. Von eben dieser göttlichen Ahnung lebt alle menschliche Hoffnung. Und diese Hoffnung kann uns tragen bis über den Tod hinaus.

V. B.: Wenn Menschen sich am Ende des Lebens von mitmenschlicher Liebe umgeben und in göttlicher Liebe geborgen wissen, erscheint mir das eine große Gnade und Ausdruck eines würdevollen Sterbens zu sein. Die Liebe ist die größte unter den christlichen Tugenden, wie wir in der Bibel nachlesen können. Nicht selten hören wir ja in der Hospizarbeit, dass schwerstkranke und trauernde Menschen durchaus an ihrem Glauben und damit auch an Gott zweifeln. Aber die Sehnsucht nach Liebe bleibt erhalten. Es wirkt so, dass sich die Liebe nicht von der Endlichkeit des Lebens und von zeitlichen Strukturen beeindrucken ließe. Sie lässt sich ganz konkret in der Nächsten- und Gottesliebe spüren und sie ist zugleich die formlose Dimension, die sich jeder Erkenntnis und Erklärung entzieht. Sie bleibt ein Geheimnis, das wir annehmen und glauben dürfen. Niemand kann ja auch genau erklären, warum man einen Menschen liebt. Die Liebe entzieht sich glücklicherweise auch den besten Begründungen.

Am Ende des Lebens, wo kein Streben mehr möglich ist, wo wir äußerst bedürftig sind, wird die Qualität von Empfangen und Geschehenlassen neu erfahrbar. Vielleicht ist es die Todesstunde, die uns, wie Hermann Hesse sagt, neuen Räumen jung entgegensendet. Dieses Hoffnungsbild dürfen wir in uns tragen und es wird getragen und konkretisiert durch die wahrhaftige Begegnung mit dem liebenden Mitmenschen. Es kann eine Freundin, der Ehepartner oder ein Nächster in Person einer Hospizmitarbeiterin sein, die die Liebe erfahrbar werden lässt, wenn alles zu lassen ist. Der Apostel Paulus schreibt in seinem Brief an die Gemeinde in Korinth: »Nun aber bleibt Glaube, Hoffnung, Liebe, diese drei: aber die Liebe ist die größte unter ihnen« (1. Kor. 13, 13). Diesen Satz hören wir häufig bei kirchlichen Hochzeiten. Aber er passt eigentlich ganz hervorragend auch zu Beerdigungen, weil er verdeutlicht, dass die Liebe den Tod überdauert. Christen und Christinnen glauben an diese Liebe Gottes und sterben in dieser Auferstehungshoffnung, die sich durch das Leben Jesu Christi konkretisiert hat.

D. B.: Zu Recht wird die Liebe hier herausgehoben, denn sie ist die Trägersubstanz unseres Daseins. Augustinus meinte »das Glauben hört auf, wenn das Schauen Gottes beginnt Die Hoffnung hört auf, wenn das Erhoffte erfüllt ist. Die Liebe aber geht an den Ort der Erfüllung mit und hört dabei nicht auf, sondern wächst noch dabei.«

Es ist zweifelsfrei etwas Kostbares, die Liebe am Lebensende durch nahestehende Menschen erfahren zu können. Wir haben bereits darüber gesprochen, wie wichtig es ist, einen Geschmack von Einklang in eine spürbare Erfahrung zu bringen. Allerdings hat bei weitem nicht jeder Mensch auf seinem letzten Lebensweg liebende Menschen um sich. Und auch nicht jeder Mensch kann in seinen letzten Tagen genügend Glauben aufbringen, um das Leben vertrauensvoll hinter sich lassen zu können.

Von der Liebe, wo sie zwar ist, aber nicht erkannt werden kann, handelte im Grunde auch die Geschichte vom Klosterbrunnen. Ich möchte die Geschichte noch einmal aufgreifen und mit einer Überlegung weiterführen. Sie endete damit, dass der Klosterbesucher in den Brunnen blickt und darin nichts als die Reflexionen der Wasseroberfläche sieht. Erst nachdem das Wasser ruhig wurde, erkennt er sein eigenes Spiegelbild.

Dazu der folgende Gedanke: Was, wenn sich die Kunst erlernen ließe, schon in den chaotischen Reflexionen mehr zu entdecken, als der Eindruck vordergründig preisgibt? Diese Frage lässt sich ganz allgemein verstehen: Wie viel von uns selbst, wie viel Wahrheit können wir in den unendlichen Facetten unseres Lebens erkennen? Wie viel Liebe können wir auch in den Bruchstücken noch erkennen, als das unser Leben erscheinen mag, wenn wir in Berührung kommen mit unserer Sterblichkeit?

Am Ende können wir dem Tod nicht entfliehen. Soviel steht fest. Vielleicht aber sind Gelassenheit und Sterben doch vereinbar. Denn der Tod ist nicht mehr der, der er war, wenn wir durch die schillernden Formen des Lebens hindurch blicken, bis auf deren Grund, um dort auf die Trägersubstanz unseres Daseins zu stoßen – die Liebe.

M. H.: Vor dem Grab eines Menschen, den man kannte: Man konzentriert sich auf den Menschen, der schon am Ziel seiner Lebensreise angekommen ist, und fragt sich, was für ein Leben er gehabt hat. Ging er leicht durchs Leben oder musste er mit Hindernissen kämpfen? War es ein freudvolles oder freudloses Leben? War es ein sinnvolles Leben? Und was hat jetzt eigentlich immer noch Bedeutung? Die Gedanken sortieren sich schnell. Der erworbene Reichtum war bestimmt hilfreich. Die vielen Reisen wurden genossen. Die angesehene soziale Stellung hat viel Anerkennung eingebracht ... Nein, das wird es nicht sein. Das alles war auch wichtig, aber das alles hinterlässt noch keine glanzvolle Spur. Und dann kommen die Erinnerungsbilder, bei denen es einem warm ums Herz wird. Da hat jemand sein Leben lang gern gestrickt und andere damit beschenkt. Da hat sich jemand um einen Angehörigen gekümmert. Es war nicht leicht, aber er ist geblieben. Da hat jemand einen anderen finanziell unterstützt, damit auch er im Leben bessere Gestaltungsmöglichkeiten hat. Da war jemand freundlich zu einem anderen Menschen, sandte immer einen Geburtstagsgruß, wo andere schon längst keine Zeit mehr dafür erübrigen konnten. Da hatte jemand stets ein ermutigendes Wort für seine Mitmenschen.

All dies ist Ausdruck dessen, was wir mit Liebe bezeichnen, die ähnliche Eigenschaften wie der Gesang hat. Wenn sie ausgedrückt wird, findet sie einen Widerhall, in anderer Menschen, in einem selbst, im Leben und über das zeitliche Leben hinaus. Das sind die Spuren, die einer Ewigkeit würdig sind. Und diese Spuren, einmal gelegt, rufen tiefe Zufriedenheit und Freude hervor. Jeder, der in seinem Leben große oder kleine Spuren der Liebe legt, kann gelassener sterben. Das ist keine Theorie, sondern die Lebenserfahrung unzähliger Menschen.

Fazit

Die Liebe ist der beste Weg und das tragfähigste Fundament, um dem Tod sein Geheimnis zu lassen und nicht in Angst, Verzweiflung und Hoffnungslosigkeit zu sterben. Von der Liebe ist nicht zu lassen, weil sie die einzige Kraft ist, die stärker als der Tod ist. Wenn am Ende des Lebens noch einmal die Spuren der Liebe aufleuchten, die wir durch unser Dasein in die Welt getragen haben und die auch unser Leben überdauern, kann Gelassenheit einkehren. Der Tod behält damit nicht das letzte Wort, die Liebe schon. Am Ende schließt sich ein Lebenskreis und mit allen Fragmenten und Bruchstücken ist es eine vollendete Form. Zugleich verweist diese Gestalt auf eine Dimension der Erkenntnis, die über unsere zeitlichen und räumlichen Vorstellungen hinausweist. Nur die Liebe lässt uns mit Gelassenheit daran glauben, dass der Tod nicht nur das Ende, sondern auch der Anfang eines neuen Lebens ist.

Zum Nachlesen

Buber, Martin (2002): Das dialogische Prinzip. Gütersloh: Gütersloher Verlagshaus.

Die heilige Schrift des alten und neuen Testaments (1996): Zürich: Verlag der Zürcher Bibel.

Lukas, Elisabeth (2009): Alles fügt sich und erfüllt sich. Logotherapie in der späten Lebensphase. München: Profil-Verlag.

Pieper, Josef (1988): Nur der Liebende singt. Musische Kunst heute. Ostfildern: Schwabenverlag.

Zum Weiterlesen

Amarque, Tom; Markert, Bernd (Hrsg.) (2010): Was ist Liebe? Hamburg: Phänomen.

Nouwen, Henri J. (2007): Die innere Stimme der Liebe. Freiburg: Herder.

Sölle, Dorothee (2004): Wo Liebe ist, da ist Gott. Freiburg: Herder.

Liste der Bilder von Karin Lenser

zu Kapitel 1: Kopfüber ins Leben, 80 × 100, Acryl
zu Kapitel 2: Brücke ins Licht, 80 × 100, Acryl
zu Kapitel 3: Engel, 60 × 100, Acryl
zu Kapitel 4: Traum oder Verwandlung, 80 × 100, Acryl
zu Kapitel 5: Blauer Schmetterling im Licht, 70 × 90,
Acryl/Collage
zu Kapitel 6: vom Himmel schau ich, 20 × 50, Eitempera
zu Kapitel 7: Geborgenheit, 80 × 100, Acryl
zu Kapitel 8: Tsunami der Liebe, 50 × 70, Acryl/Sand
zu Kapitel 9: Lichtstrahlen vor Ort, 80 × 100, Acryl/Papier
zu Kapitel 10: Ein Stück blauer Himmel ist überall, 80 × 100,
Acryl
zu Kapitel 11: beflügelt, 80 × 100, Acryl/Papier/Kohle
zu Kapitel 12: Madonna, 60 × 100, Acryl/Papier
zu Kapitel 13: Hinterm Vorhang, 40 × 60, Acryl/Papier
zu Kapitel 14: Tor zur Anderswelt, 100 × 100, Acryl
zu Kapitel 15: im Erdenkreis, 60 × 90, Acryl/Papier/Asche

Karin Lenser, geboren 1951, Künstlerin, Atelier- und Werkstattpädagogin für experimentelle Malerei, Bildhauerei in Holz, Stein und Speckstein. Schulungen unter anderem bei: Alexander Jeanmaire, Renate Hansen, Franz Greife und Ivo Gohsmann. Regelmäßige Ausstellungen sowie Kooperationsprojekte mit Schulen, Kindertagesstätten, Krankenhäusern und Hospizvereinen. Mitglied im Kunst- und Kulturverein Bissendorf.
Kontakt: k.lenser@osnanet.de